rowohlts monographien
begründet von Kurt Kusenberg
herausgegeben von Wolfgang Müller
und Uwe Naumann

# Richard Wagner

Dargestellt von Martin Geck

Rowohlt Taschenbuch Verlag

Umschlagvorderseite: Richard Wagner, Dezember 1864
bis Januar 1865 von Friedrich Pecht für Ludwig II. gemalt.
Ausschnitt (siehe auch Seite 92)
Umschlagrückseite: Richard Wagner. Karikatur von Montero,
März 2003. Lavierte Federzeichnung
«Tristan und Isolde». Seite 3 aus der Orchesterskizze

Seite 3: Über diese Fotografie, die Pierre Petit & Trinquart im
März 1860 in Paris machten, schrieb Wagner an Mathilde Wesendonck:
«Der Unmensch von Künstler hatte es für geeignet gehalten, mir, ohne
daß ich dessen inne werden konnte, eine recht affektierte Stellung, mit
nach der Seite hin verdrehtem Auge, zu geben: mir ist das daraus entstandene Portrait höchst zuwider, und ich erklärte, ich sähe darauf
wie ein sentimentaler Marat aus.»

*Originalausgabe*
*Veröffentlicht im Rowohlt Taschenbuch Verlag,*
*Reinbek bei Hamburg, Juli 2004*
*Copyright © 2004 by Rowohlt Verlag GmbH,*
*Reinbek bei Hamburg*
*Dieser Band ersetzt die 1959 erschienene*
*Wagner-Monographie von Hans Mayer*
*Umschlaggestaltung any.way, Hamburg,*
*nach einem Entwurf von Ivar Bläsi*
*Reihentypographie Daniel Sauthoff*
*Redaktionsassistenz Katrin Finkemeier*
*Layout Gabriele Boekholt*
*Satz* PE *Proforma und* Foundry Sans *PostScript,*
*QuarkXPress 4.11*
*Gesamtherstellung Clausen & Bosse, Leck*
*Printed in Germany*
*ISBN 3 499 50661 0*

# INHALT

| | |
|---|---|
| Von Leipzig nach Paris: 1813 – 1839 | 7 |
| Von Paris nach Dresden: 1839 – 1849 | 27 |
| Von Dresden nach München: 1849 – 1864 | 47 |
| Von München nach Bayreuth: 1864 – 1872 | 85 |
| Von Bayreuth in die Welt: 1872 – 1883 | 113 |
| Diskussionen ums Werk | 144 |
| | |
| Anmerkungen | 167 |
| Zeittafel | 173 |
| Zeugnisse | 175 |
| Verzeichnis der musikalischen Werke | 178 |
| Bibliographie | 180 |
| Namenregister | 182 |
| Über den Autor | 187 |
| Quellennachweis der Abbildungen | 188 |

Der Brühl in Leipzig mit Richard Wagners Geburtshaus

# Von Leipzig nach Paris: 1813 – 1839

Gegen Wagner bekommt man leicht zu sehr Recht», meinte einer, der es wissen musste, weil er ihm in Liebe und Hass gleich nahe war: Friedrich Nietzsche.[1] Wirklich ist es leicht, an Richard Wagner Selbstvergottung, Besserwisserei und Abhängigkeit vom Luxus zu kritisieren oder die Stabreime seiner Dichtungen zu bespötteln. Und gar der Antisemitismus: ein offenes Scheunentor! Lässt sich das aufrechnen gegen den anderen Wagner: den Philosophen, Mythenschöpfer, Dichter und Komponisten?

Zwar heißt es beim selben Nietzsche, Wagner habe das Sprachvermögen der Musik ins Unermessliche vermehrt.[2] Doch auch das ist ein zwiespältiges Lob, hat er doch laut Nietzsche der Musik die Zunge nur gelöst, um ihr alsbald die Glieder zu brechen.[3] Eines ist sicher: Unter den grellen Tätowierungen der Haut verbirgt der Klangkörper von Wagners Musik ein Gewebe, dessen Zellen ein Universum spätbürgerlicher Befindlichkeit gespeichert haben. Wagner – das sind wir selbst.

\*

Das Geburtsjahr 1813 lässt sich gut merken: Es erinnert an die Befreiungskriege, die den verbündeten europäischen Mächten den Sieg über Napoleon bescheren. Als Wilhelm Richard Wagner am 22. Mai *in Leipzig auf dem Brühl im «Rot und Weißen Löwen», zwei Treppen hoch*, zur Welt kommt[4], hallt dort noch der Lärm aus der Schlacht bei Bautzen nach; und auch in den folgenden Monaten wird die Stadt nicht zur Ruhe kommen.

Möglicherweise deshalb findet die Taufe erst am 16. August statt – in der Thomaskirche Johann Sebastian Bachs. Mit diesem und einem weiteren Großen aus dem sächsisch-thüringischen Raum, Martin Luther, teilt der kleine Richard die Rolle

Zwei weitere bedeutende Männer sind im Jahr 1813 geboren: Giuseppe Verdi und Georg Büchner. Vom großen Antipoden nahm Wagner trotz seiner zahlreichen Italien-Aufenthalte zeitlebens kaum Notiz: Beiläufige Äußerungen haben meist einen herablassenden Ton. Vom hessischen Sozialrevolutionär wäre Wagner, wenn er ihn gekannt hätte, vermutlich beeindruckt gewesen. Doch als Büchner 1837 im Zürcher Exil starb, war Wagner dort noch gar nicht angekommen.

eines Benjamins: Hat er die beiden Protestanten auch deshalb unter seine geistigen Väter gerechnet? Als reale Paten verzeichnet das Taufbuch den Obergerichts- und Konsistorialrat Dr. Wilhelm Wiesand, den Kaufmann Adolf Träger sowie die Jungfern Juliane Schöffelin und Luise Mohl.

Die Mutter Johanna Rosine (1778–1848), eine Bäckertochter, ist an Dichtung, Musik und Malerei interessiert. Zwar warnt sie alle Kinder vor dem gottlosen Theaterwesen, jedoch mit so wenig Überzeugungskraft, dass vier der sechs älteren Geschwister Richards eine Bühnenlaufbahn einschlagen. Rosalie wird einmal das Gretchen in der ersten Leipziger Aufführung des «Faust» geben, Klara als erst Sechzehnjährige die Hauptrolle in Rossinis «Cenerantola» singen, Rosalie mit siebzehn Jahren diejenige in Webers «Preziosa». Der ältere Bruder Albert hat an der Dresdner Hofoper Erfolg, unter anderem in den Mozart-Rollen des Tamino und des Belmonte.

Den Vater Friedrich Wagner (1770–1813) soll man nicht nach seiner Dienststellung als Polizeiaktuar beurteilen. Er stammt aus einer Familie von Lehrern, ist studierter Jurist und Mitglied eines Leipziger Liebhabertheaters. Obwohl er Goethe, Schiller und E. T. A. Hoffmann aus der Nähe kennt, vermag er mit seinem Bruder Adolf allerdings nicht mitzuhalten: Dieses stadtbekannte Original ist Doktor der Philosophie, Übersetzer des Sophokles und stolzer Besitzer eines silbernen Bechers, den ihm Goethe als Dank für die Widmung einer Sammlung italienischer Gedichte geschenkt hat. Der junge Richard lauscht, wie es in *Mein Leben* heißt, den Ergüssen seines Onkels mit Begeisterung; auch lässt er sich auf ausgedehnten Spaziergängen den Shakespeare rezitieren.

Dass Friedrich Wagner schon ein halbes Jahr nach Richards Geburt an Typhus stirbt, beeinträchtigt die kunstfreundliche

Atmosphäre im Elternhaus in keiner Weise. Denn schon bald, im August 1814, heiratet Johanna Rosine einen engen Freund ihres ersten Mannes, Ludwig Geyer (1779–1821). Dieser augenscheinlich freundliche und gütige Mann hat sich als Schauspieler und Stückeschreiber einen Ruf erworben; inzwischen betreibt er mit Erfolg die Porträtmalerei.

Richard Wagner hat die Frage, ob Geyer als sein leiblicher Vater in Frage komme, nicht eindeutig verneint: Augenscheinlich wäre ihm dieser Gedanke nicht unsympathisch gewesen. Interessanterweise übernimmt er vom Stiefvater das Barett und – für den Privatdruck von *Mein Leben* – den Geier als Wappentier. Jenseits unergiebiger Spekulationen ist es wichtig zu wissen, dass Geyer einen offenbar liebevollen und verlässlichen Ersatzvater abgibt und damit die Launen der Mutter ausgleicht. Wagner spricht von ihrem *drolligen Humor*, bemerkt in *Mein Leben* aber auch: *Der sorgenvoll aufregende Um-*

Die erste Textseite des seit 1870 erschienenen Privatdrucks von «Mein Leben». Wagner wählt als Wappentier den Geier.

Am 22. Mai 1813 in Leipzig auf dem Brühl im «roth und weissen Löwen», zwei Treppen hoch, geboren, wurde ich zwei Tage darauf in der Thomaskirche mit dem Namen *Wilhelm Richard* getauft. Mein Vater *Friedrich Wagner*, zur Zeit meiner Geburt Polizeiactuarius in Leipzig, mit der Anwartschaft auf die Stelle des Polizeidirectors daselbst, starb im October des Jahres meiner Geburt in Folge grosser Anstrengungen, welche ihm die überhäuften polizeilichen Geschäfte während der kriegerischen Unruhen und der Schlacht bei Leipzig zuzogen, durch Ansteckung des damals epidemisch gewordenen Nervenfiebers. Ueber die Lebensverhältnisse seines Vaters vernahm ich späterhin, dass dieser in dürftiger bürgerlicher Sphäre als Thoreinnehmer am Ranstädter Thore, sich dadurch vor seinen Standesgenossen auszeichnete, dass er seinen beiden Söhnen eine gelehrte Erziehung gab, indem er den einen — meinen Vater *Friedrich* — Jurisprudenz, den andern, jüngern — *Adolph* — Theologie studiren liess. Mein Oheim gewann später einen nicht unbedeutenden Einfluss auf meine Entwickelung; wir werden ihm in einer entscheidenden Phase meiner Jugendgeschichte wieder begegnen. Ueber mei-

1

Wagners Stiefvater Ludwig Geyer schauspielerte und schrieb Theaterstücke: «Das Erntefest», «Das Mädchen aus der Fremde» und «Der bethlehemitische Kindermord». Vor allem war er ein angesehener Maler. Die beiden Ölporträts zeigen ihn und seine Frau Johanna Rosine, Wagners Mutter.

*gang mit einer zahlreichen Familie ließ nicht jenen behaglichen Ton mütterlicher Familienzärtlichkeit bei ihr aufkommen; ich entsinne mich kaum je von ihr liebkost worden zu sein, wie überhaupt zärtliche Ergießungen in unsrer Familie nicht stattfanden; wogegen sich ein gewisses, hastiges, fast heftiges, lautes Wesen sehr natürlich geltend machte.*[5]

Ohne frühkindliche Prägungen zur Ursache späterer künstlerischer Grundeinstellungen hochstilisieren zu wollen, darf der Biograph in diesem konkreten Fall dem Gedanken näher treten, dass Wagner die Sehnsucht nach einer verlässlichen Bezugsperson auf viele seiner weiblichen Bühnengestalten übertragen hat: Senta, Elisabeth, Sieglinde, Brünnhilde, Isolde und Kundry – sie alle variieren den Typus der Frau, die vorbehaltlos in ihrem männlichen Partner aufgeht. Umgekehrt haben auffällig viele männliche Personen mit ihrer Mutterbindung zu kämpfen. Das gilt ersichtlich für Siegfried und

«Warst Du nicht immer die Einzige, die mir unverändert treu blieb, wenn Andre, blos nach den äußeren Ergebnissen aburtheilend, sich filosophisch von mir wandten?» So wirbt Wagner im Juli 1835 um seine Mutter – in einer Zeit, als auf Minna noch kein Verlass ist. Bald wird diese die Mutterrolle übernehmen.

Parsifal, unterschwellig auch für Figuren wie Holländer, Tannhäuser, Lohengrin, Siegmund oder Tristan: Alle neigen dazu, Gatten- mit Mutterliebe zu verwechseln oder in ein bestehendes Eheverhältnis einzudringen.

Wir kehren zurück zum jungen Wagner, der seit Ende 1814 mit seiner Familie in der Dresdner Moritzstraße lebt. Dort gibt er sich mit gewöhnlichen Jungenbeschäftigungen ab – zum Beispiel mit einer Kaninchenzucht, die erst ihr Ende findet, als die Mutter durch das *Poltern der Tiere in der Kommode* aufmerksam wird.[6] Doch entscheidender sind offenkundig theatralische Erlebnisse. Im Januar 1873 und noch einmal im Dezember 1880 erinnert er sich in Gegenwart Cosimas, dass «er mit 5 Jahren den Piccolo-Flöten-Triller des Kaspar, da er nicht singen konnte, mit Perrbip nachgemacht habe, auf einen Stuhl gestiegen sei, als Samiel herübergeguckt habe über ein imaginä-

Carl Maria von Weber. Gemälde von Caroline Badua, 1821. 1844 sorgte Wagner für die Überführung der Asche Webers von London nach Dresden und komponierte eine Trauermusik nach Motiven aus der «Euryanthe» für 75 Blasinstrumente und sechs gedämpfte Trommeln WWV 73.

res Gebüsch und ‹Perrbip, Perrbip› gesagt» habe.[7] Zwar kann der «Freischütz» realiter erst dem etwa Siebenjährigen begegnet sein; doch sicherlich ist Wagner mit Größen wie Weber schon früh in Berührung gekommen. *Ja wenn ich die Eindrücke der Weber'schen Sache nicht gehabt hätte, ich glaube, ich wäre nie Musiker geworden*, meint er am 30. Oktober 1873.[8]

Zunächst überwiegt die Lust am Theater schlechthin. *Was mich […] beim Besuch des Theaters, worunter ich auch die Bühne, die Räume hinter den Kulissen und die Garderobe verstehe, lebhaft anzog, war weniger die Sucht nach Unterhaltung und Zerstreuung, wie beim heutigen Theaterpublikum, sondern das aufreizende Behagen am Umgang mit einem Elemente, welches den Eindrücken des gewöhnlichen Lebens gegenüber eine durchaus andere, rein phantastische, oft bis zum Grauenhaften anziehende Welt darstellte. […] Und während ich mit Altersgenossen Aufführungen des «Freischütz» nachzuahmen suchte und mit großem Eifer hierbei mich der*

*Herstellung der Kostüme und Gesichtsmasken durch groteske Malerei hingab, übten die zarteren Garderobengegenstände meiner Schwestern, mit deren Herrichtung ich die Familie häufig beschäftigt sah, einen fein erregenden Reiz auf meine Phantasie aus; das Berühren derselben konnte mich bis zu bangem, heftigem Herzschlag aufregen. Trotzdem daß, wie ich erwähnte, in unserem Familienverkehr keine, namentlich in Liebkosungen sich ergehende Zärtlichkeit herrschte, mußte doch die stets nur weibliche Umgebung in der Entwicklung meines Empfindungswesens mich stark beeinflussen.*[9]

Nietzsches Beobachtung, Wagner sei «in alten Tagen durchaus femini generis» gewesen[10], sollte man vor diesem biographischen Hintergrund keinesfalls nur negativ deuten: Durch die Ersatzmütter Thalia und Melpomene findet der Junge den Weg zu seiner Kunst, die ihre weiblichen Anteile nicht verstecken muss. Auch wenn er kein gesteigertes Verlangen nach Seide, Pelz und erlesenem Duft spürte, hätte der Goethe des «West-östlichen Divans» Wagner gewiss verstanden. Die Rede vom Fetischismus führt hier ebenso wenig weiter wie im Fall des Opiums, das vielen Künstlern des 19. Jahrhunderts unentbehrlich war: Wagners Leben hat sich nicht in unproduktiven Süchten und Sehnsüchten erschöpft, vielmehr als Basis für ein imponierendes Lebenswerk gedient. Dass es zu dessen Verwirklichung mancher Stimulanzien bedurfte, ist erwähnenswert, jedoch nicht nachträglich zu verurteilen.

Bald macht der kleine Richard eigene Bühnenerfahrungen: *Nachdem mich «Die Waise und der Mörder», «Die beiden Galeerensklaven», und ähnliche Schauerstücke, in welchen ich meinen Vater [Geyer] die Rollen der Bösewichter spielen sah, mit Entsetzen erfüllt hatten, mußte ich selbst einige Male mit Komödie spielen. […] Ich entsinne mich, bei einem lebenden Bilde als Engel ganz in Trikots eingenäht, mit Flügeln auf dem Rücken, in schwierig eingelernter graziöser Stellung figuriert zu haben.*[11]

Als Fünfzehnjähriger vollendet er sein erstes Theaterstück: das Trauerspiel *Leubald* WWV 1. Laut *Mein Leben* orientiert er sich an *der pathetischen und humoristischen Kraftsprache Shakespeares* und lässt im Verlauf des Stückes 42 Menschen zu Tode kommen.[12] In Wahrheit sind es nur vierzehn; doch auch diese Zahl rechtfertigt die Prophezeiung der Hexe im 5. Aufzug: *Eh' ihr nicht todt, Schließt nicht die Noth!*[13] Das bei aller Wirrheit talentierte Stück sollte einmal als Satyrspiel in den Zwischenakten eines Bayreuther *Rings* aufgeführt werden! Übrigens ist es unvertont geblieben, obwohl Wagner während seiner Arbeit an der *Götterdämmerung* einmal scherzte: *Ach! ich bin kein Komponist, nur so viel wollt ich erlernen, um Leubald und Adelaide zu komponieren.*[14]

> WWV ist die Abkürzung für das 1986 erschienene «Wagner Werk-Verzeichnis». Man sollte nicht glauben, dass Wagners «Köchel» 607 Seiten umfasst. Jedoch dokumentiert es nicht nur Entstehung und Quellenlage der bekannten Bühnenwerke, sondern berücksichtigt auch alle anderen Werke, die Wagner komponiert oder zum Zweck der Vertonung gedichtet hat. Das sind insgesamt 113 gezählte Nummern. Dazu kommen einige Widmungen und Scherze – wie zum Beispiel eine drei Takte lange Melodie über die Worte «Cosima! Cosima! Wie hast du geschlafen?»

Tatsächlich scheint dieser jugendliche Wunsch eine entschiedenere Hinwendung zum musikalischen Handwerk bewirkt zu haben, wie sie ab 1828 festzustellen ist. Wichtiger dürfte freilich Wagners Begegnung mit den Sinfonien Beethovens gewesen sein. Vor allem die «Siebte» beeindruckt ihn tief: *In mir entstand bald ein Bild erhabenster überirdischer Originalität, mit welcher sich durchaus nichts vergleichen ließ. Dieses Bild floß mit dem Shakespeares in mir zusammen: in ekstatischen Träumen begegnete ich beiden, sah und sprach sie; beim Erwachen schwamm ich in Tränen.*[15] Vermutlich war er der Überzeugung, der Geist des kurz zuvor gestorbenen Komponisten sei unmittelbar auf ihn übergegangen und habe seine Musikerkarriere inauguriert.[16] Jedenfalls heißt es später, in Bayreuther Zeit: *Ich hätte nicht komponieren können, wie ich es getan habe, wenn Beethoven nicht gewesen wäre.*[17]

1829 verschafft sich Wagner eine Abschrift von Beethovens spätem Streichquartett Es-Dur op. 127. Danach kopiert er dessen Sinfonien und diejenigen anderer Komponisten; einen selbst gefertigten Klavierauszug der «Neunten Sinfonie» bietet er – vergeblich – den Verlegern Breitkopf & Härtel an.

Möglicherweise ist schon dem Sechzehnjährigen ein Auftritt der Wilhelmine Schröder-Devrient als Fidelio zum großen

Schlüsselerlebnis geworden. Vielleicht hat Wagner auch erst durch eine Aufführung von Vincenzo Bellinis «I Capuleti e i Montecchi» fünf Jahre später zu «seiner» Sängerin gefunden, die er ob der Dämonie ihres Ausdrucks als einen Paganini der Gesangskunst erlebt.

Als musikalisches Dreigestirn, das Wagner den Weg gewiesen hat, darf man Weber, Beethoven und Bellini nennen. Weber führt ihn in die Zauberwelt der deutschen romantischen Oper ein, Beethoven erscheint ihm als leidenschaftlicher Streiter für das Ideenkunstwerk, Bellinis Opern haben hinreißende Italianità: *Ich habe davon gelernt, was die Herren Brahms & Cie. nicht gelernt haben, und was ich in meiner Melodie habe.*[18]

1827 wird Richard Wagner Schüler des Nikolaigymnasiums in Leipzig, wo die Familie inzwischen wieder zu Hause ist. Aus den Jahren 1829 und 1830 stammen die ersten, größtenteils verschollenen Kompositionen WWV 2 bis WWV 15, vermutlich Frucht des Unterrichts in Harmonielehre beim Musiker Christian Gottlieb Müller. Einige Fugenversuche aus dem Winterhalbjahr 1831/32 belegen, dass Wagner nunmehr solideren Unterricht beim Thomaskantor Christian Theodor Weinlig genießt. In rascher Folge entstehen neben einigen Klavierwerken die Orchesterouvertüren WWV 20, 24, und 27. Am Ende dieser Phase steht die C-Dur-Sinfonie WWV 29, welche immerhin alsbald der Aufführung im Gewandhaus als würdig erachtet wird.

Obwohl Wagner damals erst neunzehn Jahre zählt, hat er sich selbst als Spätentwickler eingeschätzt und rückblickend bemerkt, noch die 1834/35 komponierte *Columbus-Ouvertüre* WWV 37 zähle zu den *Plagiaten seiner Jugend* und sei nach dem Vorbild von Mendelssohns «Meeresstille und glückliche Fahrt» geschrieben.[19] Solcherart Distanzierung hat wohl vor allem mit der Einsicht zu tun, damals weniger der eigenen Sendung als dem Musikmarkt gefolgt zu sein – im heimischen Umfeld übrigens keineswegs erfolglos.

Hinter der künstlerischen bleibt die schulische Bildung zurück. In der 1835 begonnenen Lebensskizze aus der *großen roten Brieftasche* heißt es für die Zeit zwischen Neujahr 1828 und

Erste Kompositionsversuche Wagners, wie sie sich auf einem Sammelkärtchen in «Liebig's Fleisch-Extrakt» darstellen, das aus den Jahren 1887 bis etwa 1910 stammt. Solche Devotionalien in Naturalien erfreuten sich damals großer Beliebtheit.

Sommer 1831: *Vernachlässigung der Schule. – Sommer 1829 allein in Leipzig. Lasse Alles liegen, treibe nur Musik ohne Unterricht. – Schulzwang. – Werde lüderlich. – Abgang von der Nikolaischule. Privatisiere. – Thomasschule. – Universität. Lüderlich. – Faro-spielen. Schlimme, lüderliche Zeit im Sommer.*[20] Zu guter Letzt kann Wagner die Schule mit dem Vermerk «Studiosus Musicae» verlassen – eine Hochschulqualifikation zweiter Güte.[21]

Ob Leibnizkekse, Schillerlocken oder Mozartkugeln – die Deutschen scheinen sich Künste und Wissenschaften gern in schmackhafter Form vorzustellen.

Doch was besagt die offizielle Schullaufbahn gegenüber dem individuellen Bildungsweg! In der Dresdner Kreuzschule ist Wagner *Liebling* des jungen Magisters Sillig[22], welcher den Zwölf- bis Vierzehnjährigen ermutigt, auf den Spuren des Pausanias ein großes episches Gedicht über die Schlacht am Parnassos zu schreiben, Teile der «Odyssee» zu übersetzen und Hamlets Monolog vom Katheder herab zu rezitieren. In Leipzig nimmt Wagner sogar Privatunterricht im Griechischen, um den Sophokles lesen zu können. Bei seinem Schwager Friedrich Brockhaus – dem Lexikon-Brockhaus – verdient er sich 8 Groschen pro Bogen mit der Korrektur der neu bearbeiteten «Weltgeschichte für Kinder und Kindeslehrer» Karl Friedrich Beckers: *Nun lernte ich zum ersten Male das Mittelalter und die französische Revolution genauer kennen, da in die Zeit meiner Korrekturarbeiten gerade der Druck derjenigen beiden Bände fiel, welche diese verschiedenen Geschichtsperioden enthielten.*[23]

Von den Korrekturen zur Lektüre der Leipziger Extrablätter überwechselnd, ist Wagner ganz konkret mit der Pariser Juli-Revolution des Jahres 1832 befasst: *Mit Bewußtsein plötzlich in einer Zeit zu leben, in welcher solche Dinge vorfielen, mußte natürlich auf den siebzehnjährigen Jüngling von außerordentlichem Eindruck sein. Die geschichtliche Welt begann für mich von diesem Tage an; und natürlich nahm ich volle Partei für die Revolution, die sich mir nun unter der Form eines mutigen und siegreichen Volkskampfes, frei von allen den Flecken der schrecklichen Auswüchse der ersten französischen Revolution, darstellte.*[24]

Nachdem es auch in Sachsen zu Unruhen gekommen war, entwirft Wagner die vermutlich Beethoven nachempfundene, allerdings verloren gegangene *politische Ouvertüre* WWV 11, *deren Einleitung einen düstren Druck schilderte, in welchem dann ein Thema sich bemerklich machte, unter das ich zu deutlicherem Verständnis die Worte «Friedrich und Freiheit» schrieb: dieses Thema war bestimmt, sich immer größer und herrlicher bis zum vollsten Triumphe zu entwickeln.*[25] Als es in Leipzig losgeht, klopft ihm *das Herz in unglaublicher Erregtheit*[26]. Faszinert von dem *rein Dämonischen solcher Volkswutanfälle*, nimmt er an der Erstürmung eines Bordells teil, über das eine unbeliebte Magistratsperson ihre schützende Hand hält. Am nächsten Morgen wacht er auf *wie aus einem wüsten Traum [...] mit dem Fetzen eines roten Vorhanges*[27].

Es wäre falsch, die politische Substanz dieser kleinen Exzesse zu bagatellisieren. Vielmehr ist Wagner ein echtes Kind des Vormärzes: In den Kanonendonner der Befreiungskriege hineingeboren, fühlt er mit den vielen Freiwilligen, die ihre Fürsten vom Joch der napoleonischen Herrschaft befreit haben, nun aber vergeblich auf die Früchte ihres Tuns warten. Statt Freiheit, Gleichheit und Brüderlichkeit herrschen Willkür, Repression und Zensur – davon wissen auch Komponisten wie Beethoven, Schubert, Liszt und Schumann ein Lied zu singen.

Wagner, der Jüngste in dieser Reihe, wird fast zwangsläufig in eine Gegenströmung getrieben, die als «Junges Deutschland» auftritt, politischen Fortschritt zwar vor allem im Medium von Kunst und Kultur propagiert, dennoch den Herrschenden so gefährlich erscheint, dass sie den Wortführer Heinrich Laube zeitweilig in Haft nehmen. Wagner fühlt sich zu dem späteren Direktor des Wiener Burgtheaters hingezogen und beliefert dessen «Zeitung für die elegante Welt». 1833 schlägt Laube dem Freund seinerseits eine Oper über den polnischen Freiheitshelden Tadeusz Kosciuszko vor; doch in dieser Lebensphase kann Wagner zwar die zwei Polonaisen WWV 23 zu Ehren der durchs Land ziehenden Exilpolen komponieren, aber noch keine heroische Oper. Gleichwohl versteht er sich wie der junge Liszt als politischer Künstler.

Von der Möglichkeit zu einem Universitätsstudium macht Wagner nur wenig Gebrauch – welche Fächer soll er auch als «Studiosus Musicae» belegen? Schon als Neunzehnjähriger zieht er nach Würzburg, um auf Vermittlung seines Bruders an der Oper zu volontieren. Das Projekt einer *tragischen Oper* mit dem Titel *Die Hochzeit* WWV 31 lässt er liegen, da Schwester Rosalie, seine potenzielle Fürsprecherin am Leipziger Hoftheater, für das schauerliche Libretto nicht zu gewinnen ist. Stattdessen entstehen im Lauf des Jahres 1833 *Die Feen* WWV 32 nach Carlo Gozzis dramatischem Märchen «La donna serpente». Obwohl Wagner nicht ohne Anleihen bei großen Vorgängern auskommt[28], zeigt er beachtliche Qualitäten im Umgang mit ‹schwarzer› Romantik, die sich vor allem in pikanter Harmonik niederschlagen. Züge formaler Biederkeit und stilistischer Beliebigkeit teilt der Zwanzigjährige mit besser etablierten Komponisten dieses Genres.

Eine Aufführung der *Feen* kommt nicht zustande; stattdessen schreibt Wagner *Das Liebesverbot oder Die Novize von Palermo*, eine *große komische Oper* nach Shakespeares «Measure for Measure». In den libertinistischen Zügen des Librettos spiegelt sich erkennbar das Junge Deutschland; und noch in *Mein Leben* wird der Komponist Erstaunen über seinen Mut zu *kühner Verherrlichung der «freien Sinnlichkeit»* äußern.[29] Einerseits ein Mixtum compositum aus Beethoven, Weber, Bellini und französischer Oper, bietet die Partitur des *Liebesverbots* andererseits auch Eigenes – vor allem den Versuch, in Motivik und Harmonik vom Ganzen her zu denken und damit zu jener formalen und stilistischen Geschlossenheit zu finden, die Wagner an den Opern seiner deutschen Zeitgenossen vermisst.

Aus dem kleinen Würzburger Chordirektor Wagner ist inzwischen ein Kapellmeister geworden, der am 2. August 1834 mit dem «Don Giovanni» sein Debüt bei der reisenden Bethmann'schen Operntruppe gibt und mit dieser im März 1836 im Magdeburger Winterquartier auch *Das Liebesverbot* aufführt, allerdings ohne großen Erfolg und nur ein einziges Mal.

Mitten in seiner jungdeutsch-libertinistischen Phase verliebt sich Wagner heftig in Minna Planer – schön, beliebt und als Schauspielerin in ganz Norddeutschland begehrt. In ihrem Privatleben will sie nur ehrenhafte Verhältnisse, nachdem sie – was Wagner damals noch nicht weiß – in sehr jungen Jahren einen so genannten Fehltritt getan und als Sechzehnjährige die Tochter Natalie geboren hat, die um des jähzornigen Vaters willen als Geschwisterchen und Kind ihrer Mutter ausgegeben wird.

Der knapp vier Jahre jüngere Kapellmeister, der nun stürmisch um sie wirbt, scheint keine Sicherheit zu bieten, auch von sprunghaftem Temperament zu sein. Und ein Schuldenmacher ist er obendrein: *Dienstag ist der fatale 16te, wohin ich nun spätestens alles vertröstet; – denk' allein, dem armen Kerl, – dem Schmitt (Rüpel) bin ich von Rudolstadt her gegen 30 Thal: schuldig, – Weinrechnungen, – Schneiderrechnungen*, beichtet er dem Freund Johann August Apel, um ihn danach *kleinlaut*, aber guter Dinge anzupumpen.[30] Während Wagner beim vorerst noch vermögenden Freund Glück hat, wird er von Minna, deren *königlich ruhiger Anstand* ihn weiterhin in Bann hält[31], zunächst einmal zurückgewiesen.

Welche Windungen das Verhältnis im Vorfeld der Eheschließung genommen hat, müssen wir vor allem aus *Mein Leben* folgern, das eine in diesem Punkt besonders subjektiv getönte Quelle sein dürfte. Sicher ist, dass Wagner vor Sehnsucht fast krank wird, als Minna Ende des Jahres 1835 nach Berlin reist, um wegen eines vorteilhaften Engagements zu sondieren. Zwischen dem 4. und 11. November gehen täglich Briefe an die *liebe Braut*[32], die wahre Exzesse an Leidenschaft, Weinerlichkeit, Werbung und Überredung sind. Einen Monat zuvor hatte es im Brief an Apel in mehr jungenhafter als jung-

Minna Wagner, geb. Planer.
Gemälde von Alexander von Otterstedt, 1835

deutscher Attitüde getönt: *Was meinst Du? Wenn ich sie so recht absichtlich hintergangen haben werde, habe ich da nicht ein Meisterstück gemacht? Oder soll ich ein Filister werden? Ihr Leipziger werdet es entscheiden!*[33]

Minna Planer lässt sich beeindrucken und verzichtet auf das Berliner Engagement. Da das Magdeburger Ensemble jedoch vor dem Zerfall steht, entscheidet sie sich für das noch fernere Königsberg. Ihr Verehrer beschwört sie in unvermindert leidenschaftlichen Briefen, *diesen unruhigen u. zweideutigen Theateraffairen* zu entsagen[34], und stellt in Aussicht, bald selbst genug Geld zu verdienen. Schließlich reist er ihr nach, und am

24. November 1836 wird in der Kirche von Tragheim, einer Königsberger Vorstadt, geheiratet.

Der Bräutigam, mit 23 Jahren nach preußischem Gesetz noch minderjährig, macht sich um ein Jahr älter, Minna gibt ihrerseits ein jüngeres Lebensalter an.[35] Das von den Theaterfreunden überreichte, schön gedruckte Hochzeitgedicht kann nicht darüber hinwegtäuschen, dass über der ersten Ehezeit Schatten liegen, für die man wohl vor allem den Mann verantwortlich machen muss. Als sich dieser dreizehn Jahre später um Jessie Laussot willen von ihr trennen will, lautet Minnas bezeichnende Antwort: «Was warst Du denn als ich Dich heirathete? Du warst ein armer, verlassner, unbekannter, unangestellter Musikdirector, und was standen mir damals für Aussichten bevor! Mein ganzes Thun und Schaffen in unsrer Häuslichkeit war ja nur um Dir es recht zu machen. Dir zu gefallen und so von frühester Zeit an, that ich ja Alles aus Liebe, sogar meine Selbständigkeit die ich so hoch hielt, gab ich freudig auf, um Dir ganz angehören zu können.»[36]

Der junge Ehemann lässt seiner Egozentrik freien Lauf, tätigt Anschaffungen, die seiner auf Sparsamkeit bedachten Frau den Schweiß ausbrechen lassen, er lässt es sogar so weit kommen, dass das Königsberger Stadtgericht die Möbel des Ehepaars nicht nur pfänden, sondern alsbald abholen lassen will. Überhaupt ist er eifersüchtig auf Minnas Beruf, zunehmend auch ihren übrigen Umgang. In *Mein Leben* ist Wagner ehrlich genug, um von *widerwärtigsten Auftritten* und *verletzender Bitterkeit [...] in Sprache und Benehmen* zu sprechen.[37]

Minna kann die Streitigkeiten nicht ertragen: Nach einem halben Jahr flüchtet sie zu ihren Eltern nach Dresden – nach *Mein Leben* in Begleitung eines Verehrers namens Dietrich. Für die Extrapost, mit der Wagner seiner *guten, lieben, lieben Minna* alsbald nachreist[38], reicht das Geld nur bis Elbing. So muss er noch einmal nach Königsberg zurück, um Mittel für die normale Post aufzutreiben. Am Ende des folgenden, für beide Teile aufreibenden Vierteljahrs kehrt Minna zurück – ein Schritt, der augenscheinlich auf Gattenliebe beruht und nicht nur Wagners neuem Engagement in Riga geschuldet ist. Wagner seinerseits ‹verzeiht› – aus der traditionellen Sicht des 19. Jahrhunderts betrachtet – Minnas Flucht und Affäre.

Aus der kurzen Königsberger Zeit stammen zwei interessante künstlerische Projekte. Im Sommer 1836 verfasst Wagner den Prosaentwurf zu einer großen Oper mit dem Titel *Die hohe Braut* WWV 40, um ihn in französischer Übersetzung und mit reichlich naiven Erwartungen dem berühmten Eugène Scribe zur Begutachtung nach Paris zu senden. Ein Jahr darauf befasst er sich erstmals substanziell mit dem *Rienzi*-Sujet: *Aus dem Jammer des modernen Privatlebens, dem ich nirgends auch nur den geringsten Stoff für künstlerische Behandlung abgewinnen durfte, riß mich die Vorstellung eines großen historisch-politischen Ereignisses, in dessen Genuß ich eine erhebende Zerstreuung aus Sorgen und Zuständen finden mußte, die mir eben nichts anders, als nur absolut kunstfeindlich erschienen.*[39]

Im Herbst 1837 zieht das Paar nach Riga, wo Wagner unter günstigen Voraussetzungen das Kapellmeisteramt am reorganisierten Stadttheater antritt. Allerdings muss er sich auf den Geschmack seines Intendanten Karl von Holtei einstellen, der als ‹Erfinder› der populären Gattung des sentimentalen Liederspiels nach Riga gekommen ist. Tatsächlich dichtet er zum Wohlgefallen Holteis das Libretto einer komischen Oper mit dem Titel *Männerlist größer als Frauenlist oder Die glückliche Bärenfamilie* WWV 48. Nach der musikalischen Ausarbeitung einiger Nummern, die erst kürzlich im Autograph wieder aufgetaucht sind, wird Wagner freilich *mit Ekel inne, daß ich wieder auf dem Wege sei, Musik à la Adam zu machen; mein Gemüth, mein tieferes Gefühl fanden sich trostlos verletzt bei dieser Entdeckung.*[40]

Es ist der Anfang vom Ende der erfreulichen Verhältnisse. Denn Wagner verweigert sich nicht nur Kompositionsaufträgen, die ihm unwürdig erscheinen; ihm widerstrebt – wie später in Dresden – auch der normale Dienst, obwohl er ihn mit einem zweiten Kapellmeister teilen kann. Trotz einiger interessanter Produktionen – «Norma» von Bellini, «Robert le diable» von Giacomo Meyerbeer und «Die Schweizerfamilie» von Joseph Weigl – verschlechtert sich seine Position zusehends. Im Grunde seines Herzens fühlt er sich nicht als Kapellmeister, sondern als Komponist einer Grand opéra, die alles Bisherige in den Schatten stellen und sicher nicht im provinziellen Riga aus der Taufe gehoben werden soll! Den Textentwurf des neuen Werks – *Rienzi, der letzte der Tribunen* – hat er nach Riga mitgebracht; nun geht es um die Ausführung von Dichtung und Komposition. Bis zur Übersiedelung nach Paris werden zwei der fünf Akte im Wesentlichen fertig gestellt sein.

Die Oper ist zunächst für Berlin gedacht und deshalb vor allem nach dem Vorbild von Gaspare Spontinis «Fernand Cortez» geschaffen. Die kühne Idee, den Berliner Generalmusikdirektor Spontini gleichsam im eigenen Haus zu übertrumpfen, weicht bald dem nicht weniger vermessenen Vorhaben, es mit Giacomo Meyerbeer aufzunehmen, dem absoluten Herrscher über die Grand opéra. Weil er dazu nach Paris muss, lässt Wagner das Libretto des *Rienzi* noch vor Abschluss der Komposition ins Französische übersetzen.

Die Gemeinsamkeiten mit Spontini und Meyerbeer betreffen die Wahl großer historischer Stoffe und die Kunst, Massenbewegungen und Einzelschicksale eindrucksvoll gegeneinander zu stellen; kompositorisch ist Wagner immer noch der italienischen Oper verpflichtet. Davon abgesehen, gibt es in *Rienzi* viel Wagner-Typisches: Noch ersichtlicher als zuvor denkt der Komponist von der Dramaturgie her: Durch wortgezeugte Melodik und prägnante musikalische Gestik will er den Forderungen der Szene möglichst in jedem Augenblick gerecht werden. Groß angelegte Arien gibt es kaum, die Auftritte des Helden Rienzi sind vielfach in Volksszenen eingebettet. Bemerkenswert sind die Ansätze zu einer «symphonischen Dialogtechnik»[41]. Zwar hat Cosima Wagner nicht recht daran getan, nach Wagners Tod eine Bearbeitung des *Rienzi* herzustellen, welche die Nummernoper als Musikdrama ausgibt; doch im dramatischen Impetus ist *Rienzi* in der Tat weit näher am künftigen *Holländer* denn am zurückliegenden *Liebesverbot*.

Originell ist die politische Dimension der neuen Oper. Dass im Vormärz große historische Stoffe mit politisch interessanten Gestalten gefragt sind, wissen zwar auch die etablierten

Meister der Grand opéra. Doch ihrem Taktieren steht Wagners Entschlossenheit gegenüber, sich an die Spitze auch des politischen Fortschritts zu stellen. Vor allem unter diesen Auspizien fesselt ihn Edward Bulwer-Lyttons «Rienzi»-Roman, kaum dass er in deutscher Übersetzung erschienen ist. Freilich ist Wagners Rienzi-Gestalt kein vorbildlicher Revolutionär, sondern «der große charismatisch begabte und stigmatisierte Einzelne, dessen Ende Scheitern ist».[42] Im *Ring* wird Wagner den Gegensatz von Anspruch und Wirklichkeit politischen Handelns vor umfassendem mythologischem Hintergrund neu thematisieren und Rienzi in Siegfried wieder erstehen lassen.

Der Abgang des Intendanten bietet der Rigaer Theaterleitung die willkommene Möglichkeit, Wagner zu entlassen. Der will nun unbedingt nach Paris und kann allmählich auch Minna, die nur noch selten als Schauspielerin aufgetreten ist, den *Schrecken* darüber nehmen.[43] Mit vier Gastspielabenden verabschiedet sie sich vom Rigaer Publikum und – ohne dies zu wissen – von der Bühne überhaupt. Eine Zeitung bescheinigt ihr «ein sehr gefälliges Äußeres, Grazie in der Haltung, ein belebtes Mienenspiel», sieht aber auch Anzeichen dafür, «daß Mme. Wagner in langer Zeit die Bühne nicht betreten hat».[44]

Herr Wagner lernt derweilen Französisch. Doch gegen den gewaltigen Schuldenberg, der sich wieder einmal angehäuft hat, hilft nur die Flucht: Im Nachhinein stellt sie sich als keineswegs nur abenteuerlich, sondern auch als langwierig und lebensgefährlich dar. Das umso mehr, als Minna durch einen Sturz des Fluchtgefährts ihres «begonnenen Mutterglückes verlustig» geht – so die Erinnerung ihrer Tochter Natalie.[45]

Ausgangspunkt der Unternehmung ist Bad Mitau, wo man sich am 8. Juli 1839 von der dort gastierenden Rigaer Theatertruppe absetzt. Am Abend darauf überwindet das Paar mit Hilfe eines Königsberger Freundes die gut bewachte russische Grenze in Richtung Deutschland. Da mit dem großen Neufundländer Robber, den man nicht zurücklassen mag, eine Weiterreise mit der Postkutsche weder denkbar noch erschwinglich ist, schifft man sich nach London ein. Im ostpreußischen Hafen Pillau lässt sich der Kapitän eines Toppsegelschoners überreden, Richard und Minna an Bord zu schmuggeln.

Weil es unter Wagnerianern Spezialisten selbst für Schifffahrtsgeschichte gibt, wissen wir inzwischen, dass die «Thetis» 192,7 Tonnen Hafer und Erbsen geladen hat und mit sieben Mann Besatzung unter dem Kommando von R. Wulff segelt.[46] Ein Unwetter im Skagerrak zwingt den Kapitän, in Sandviken auf der kleinen norwegischen Insel Boröya zu landen. Der nach neuerlicher Ausfahrt noch heftiger ausbrechende Sturm dauert sieben Tage und lässt alle an Bord um ihr Leben bangen. Am 12. August, nach dreiwöchiger Fahrt, trifft man ermattet in London ein. Seine Empfindungen nach überstandener Gefahr beschreibt Wagner als *religiöses Wohlgefühl*, *übermütiges Behagen* und *freudig behaglichen Schwindel*[47]; die Arbeitsrufe der Seeleute wird er einige Zeit danach im Matrosenlied aus dem *Fliegenden Holländer* verarbeiten: Realität drängt nach szenischer Darstellung, extreme Erfahrungen warten auf künstlerischen Ausdruck.

In London ist man *ganz erfüllt von den Wundern der Weltstadt*[48]. Trotz fehlender Englischkenntnisse sucht Wagner den Kontakt mit Bulwer-Lytton, dem Vater seines *Rienzi*, was zwar fehlschlägt, ihm jedoch Gelegenheit gibt, einer Sitzung des Oberhauses beizuwohnen. Danach geht es, immer in Begleitung Robbers, per Dampfschiff über den Ärmelkanal nach Boulogne-sur-Mer, wo alsbald die Instrumentierung des 2. *Rienzi*-Akts vollendet und ein Treffen mit Meyerbeer arrangiert wird. Dieser ist ausgesucht freundlich: Wagner darf aus dem Textbuch des *Rienzi* vorlesen und die fertigen Teile der Partitur zur Durchsicht dalassen. Am 16. September 1839 geht es weiter nach Paris, wo das Haus des Landsmanns Eduard Avenarius erste Anlaufstation sein soll; dieser steht kurz vor der Heirat mit Wagners Halbschwester Caecilie.

# Von Paris nach Dresden:
# 1839 – 1849

Nicht nur als Schöpfer seiner musikalischen Dramen ist Wagner ein großer Illusionskünstler, sondern auch in der Inszenierung seiner Lebensbeschreibung. Süffisant heißt es in «Grove's Dictionary of Music und Musicians»: das Paris-Kapitel aus *Mein Leben* sei «einer der intelligentesten, leider jedoch auch einer der am stärksten verzerrten autobiographischen Bühneneffekte»[49].

In der Tat werden die Fakten in *Mein Leben* so lange wie in einem Kaleidoskop geschüttelt, bis das Bild eines aufrechten deutschen Künstlers erscheint, der den Trug des Pariser Musikbetriebs schnell durchschaut und lieber den Leidensweg eines verkannten Genies geht, als in ihm mitzumischen. Da gewinnen die deutschen Musikheiligen Bach, Mozart und Beethoven an ideeller Bedeutung, während die praktische Hilfe von Meyerbeer kleingeredet wird. Doch Wagner will möglichst vergessen machen, dass er in Paris nicht nur den zukunftsweisenden *Holländer* komponiert, sondern sich zugleich beim Establishment angebiedert hat.

Lässt sich dieses Beispiel verallgemeinern? Weder ist in *Mein Leben* alles Lug und Trug, noch kann man Wagner unterstellen, er wolle sich dort unbedingt von der besten Seite zeigen: Über die Jahre hinweg schildert er viele bedenkliche oder für ihn beschämende Szenen. Gleichwohl hat er den Roman seines Lebens geschrieben und – wie Goethe in «Dichtung und Wahrheit» – seine Entwicklung in das Bild einer Pyramide gefasst: dem Licht entgegen. So sollte es König Ludwig II. sehen, der sich *Mein Leben* gewünscht hatte, aber auch Cosima, der er diese bis 1864 reichenden Erinnerungen zwischen 1865 und 1880 diktiert hat.

*Mein Leben* hat seine Fortsetzung in stichwortartigen *Annalen*, die bis zum Jahr 1868 reichen, und danach in den Tagebüchern Cosimas, die ab 1869 über Wagners Reden, Tun und Lassen in größter Ausführlichkeit berichtet. Da diese Aufzeichnungen, die man heute auf 2596 eng bedruckten Seiten studieren kann, vor allem für ihre Kinder aus der Verbindung mit Richard und in zweiter Linie für spätere Generationen bestimmt sind, darf man sie allerdings nicht wie ein beglaubigtes Protokoll lesen. Gleichwohl enthalten sie unersetzliche Informationen vor allem zu Wagners Anschauungen über Kunst und Gesellschaft.

Seriöse Forscher wollen heute eine Wagner-Biographie kaum mehr schreiben: Es gibt unendlich viel Material und zugleich wenig absolut verlässliches. Bei Licht betrachtet, ist das Material, das den Biographien von Beethoven, Brahms oder Bruckner zugrunde liegt, freilich nicht besser. Generell gilt: Wer über sich oder andere spricht, wählt aus, biegt gerade, deutet. Natürlich muss die Forschung von den zweifelsfrei überlieferten Dokumenten ausgehen; doch nicht von ungefähr wird die Geschichtsschreibung nach alter Tradition von Klio – einer Muse – verkörpert.

> Neben «Mein Leben» stellt Wagners Korrespondenz die wichtigste biographische Quelle dar. Das 1998 erschienene «Chronologische Verzeichnis der Briefe von Richard Wagner» zählt 8995 Nummern. Die Brief-Gesamtausgabe ist inzwischen bei Band 15 und im Jahr 1863 angelangt; insgesamt wird sie wenigstens 35 Bände umfassen. Höhepunkt der Korrespondenztätigkeit ist das Jahr 1872 mit 379 erhaltenen Briefen. Wagners Schrift zu lesen ist gottlob kein Problem, denn wer schrieb schöner als er? Doch Vorsicht: Vielleicht stammen manche späten Briefe von der Hand Cosimas.

\*

Paris, das Wagner sich zehn Jahre später *in schutt gebrannt* wünscht[50], ist für den sechsundzwanzigjährigen Jungdeutschen noch der Ort der Verheißung – politisch wie künstlerisch. In der Hauptstadt des 19. Jahrhunderts, wie Walter Benjamin sie ebenso emphatisch wie kritisch nennt, grassiert der auch von Franz Liszt begeistert begrüßte Saint-Simonismus, in der Deutung des Freundes Laube «Beginn des Sozialismus im ausgedehntesten Sinn»[51]. Was ehedem das Königsberg eines

Ernst Benedikt Kietz: «Die große Pariser Charge».
Die 1840/41 in Paris entstandene Zeichnung des Freundes
nimmt die wesentlichen Topoi aller späteren Wagner-
Karikaturen vorweg: Herrscherattitüde, Dulderrolle der
Frau, Geldnot, materielle Gewalt der Musik, Phantastik des
Gesamtkunstwerks. Ein von Dämonen gehaltener Theaterzettel
prophezeit die 3790. Aufführung seiner Werke für das Jahr
1950 – eine inzwischen von der Wirklichkeit längst eingeholte
Utopie.

Kant oder das Berlin eines Hegel war, ist im Kontext der Revolutionen von 1830 und 1832 und des Aufstandes der Lyoner Seidenweber von 1831 das Paris eines Saint-Simon, Lamennais und Proudhon. Deutsche Vorposten des Fortschritts gibt es dort auch: Börne, Heine, Ruge und Marx. Da will Wagner nicht beiseite stehen: Seine von der «Gazette musicale» gedruckte Novelle *Eine Pilgerfahrt zu Beethoven* lässt sich durchaus als Werbung für den Saint-Simonismus lesen.[52]

Als Komponist fesselt ihn natürlich vor allem die Musikstadt mit ihren vielen Opernhäusern, Orchestern und Karrieren. Er selbst bringt zunächst sein *Liebesverbot* ins Spiel: Noch von Deutschland aus hat er Eugène Scribe die Partitur zugesandt und Meyerbeer gebeten, das Libretto *von einem geschickten Mann französisch bearbeiten zu lassen*[53]. Erst wirft er seine Hoffnung auf das Théâtre de la Renaissance, danach auf das große Opernhaus. Wichtig sind Kontakte zu einflussreichen Sängern. So schreibt Wagner für Luigi Lablache, den Sänger des Orovist in Bellinis «Norma», eine Einlage-Arie WWV 52, für die Soireen anderer Sängerinnen und Sänger die Romanzen WWV 53–58. Doch nichts will auf Anhieb gelingen.

So konzentriert Wagner in verzweifelter Situation alle Kräfte auf die *Faust-Ouvertüre* WWV 59. Zwar dient dieses Bekenntniswerk nicht nur der Selbstvergewisserung, wie es *Mein Leben* nahe legt, nimmt vielmehr in der Instrumentation offensichtlich auf den Pariser Geschmack Rücksicht. Auch ist es nicht unter dem Eindruck einer Aufführung von Beethovens 9. Sinfonie entstanden, wie Wagner dies später gern gesehen hätte, sondern unter dem Einfluss von Hector Berlioz' dramatischer Sinfonie «Roméo et Juliette».[54] Doch unverkennbar gibt es einen autobiographischen Kontext, den zu verstehen es kaum der später gefundenen Überschrift *Der einsame Faust* bedarf.

Alle Hoffnungen auf äußeren Erfolg gelten inzwischen dem *Rienzi*: Drei Akte sind noch zu komponieren – eine Arbeit, die bereits Ende des Jahres 1840 getan ist. Doch auch *Rienzi* ist in Paris nicht unterzubringen: Der große Zuschnitt, die üppige Ausstattung, das *heroische Ballet von ausschweifendster Dimen-*

*sion*[55], all das, was Wagner in Deutschland eigens für Paris und die Grand opéra konzipiert hat, erweist sich in der Realität als zu aufwendig und riskant. Wer den Komponisten darob bedauert, darf nicht vergessen, dass wenig später eine Berühmtheit wie Meyerbeer seinen «Propheten» über Jahre hinweg vorsorglich zurückhält – so lange, bis in Paris jene Premiere der Superlative gewährleistet ist, die Millionengewinne nach sich zieht. Übrigens ist Wagner damals von einer Aufführung der Meyerbeer'schen «Hugenotten» zwar *sehr geblendet*, jedoch nicht wirklich gepackt. Überhaupt will er in der großen Oper *nicht über viermal* gewesen sein.[56]

Den *Holländer* konzipiert Wagner als ‹einsamer Faust›, der jedwede Pracht meidet und stattdessen einen kargen Einakter mit einer einzigen Urszene entwirft. Die spielt an zwei Orten: auf dem Meer, das sich vor allem von seiner wilden Seite zeigt, und in einer Spinnstube, die auch nicht eben heimelig ist. Denn dort breitet Senta ihre Vision vom *bleichen Seemann* aus, der ruhelos über die Meere zieht und auf Erlösung durch ein Weib wartet, das ihm bis in den Tod die Treue hält. Mit Liebe hat das nicht viel zu tun, mehr mit der Unmöglichkeit, dass diese beiden im Leben zusammenkommen: der gleichermaßen von Größenwahn und Nichtswürdigkeitsphantasien Getriebene und die vom Helfersyndrom Befallene. Dass Wagners Interesse weniger den Figuren als dieser Konstellation gilt, zeigt sein Verhältnis zur Ballade der Senta: Ausgerechnet das Zugstück der Oper ist ihm in späteren Jahren problematisch erschienen, da zu viel die Person, zu wenig die Sache exponierend.

Mit dem *Holländer*-Sujet will Wagner den Franzosen als ein deutscher Künstler in der Tradition der Romantik erscheinen. Nicht von ungefähr stützt sich die Handlung auf die «Memorien des Herrn von Schnabelewopski» von Heinrich Heine, einem Mitglied der deutschen Kolonie in Paris. Binnen zehn Tagen schreibt Wagner die Dichtung im Mai 1841 nieder, später in der sagenhaft kurzen Zeit von sechs Wochen den Gesamtentwurf der Komposition. Dazwischen liegt eine andere, höchst bezeichnende Tätigkeit: Im Kontext der Pariser Erstaufführung des «Freischütz» verfasst Wagner für die «Gazette

Musicale» den Essay *Le Freischütz*, der das Pariser Publikum mit dem von ihm so geliebten Werk vertraut machen soll. Viel Hoffnung hat er nicht: *Und doch! Versucht es, durch diese sonderbare Dunstatmosphäre [eurer großen Oper] hindurch unsern frischen Wälderduft einzuatmen.*[57] «... Versucht es», so möchte man ergänzen, «um demnächst die frische Seeluft meines *Holländers* einatmen zu können!»

Man mag die Arroganz registrieren, die aus solchen Sätzen und mehr noch aus dem höhnischen Bericht spricht, den Wagner nach missglückter Aufführung an die «Dresdner Abendzeitung» sendet. Doch man sollte dann auch mit dem *Holländer* ein Werk würdigen, das die Gattung der deutsch-romantischen Oper auf einen Höhepunkt bringt, um zugleich – wie Louis Spohr bemerkt – «die Grenze der neuromantischen Musik à la Berlioz» zu streifen.[58] Passt diese *deutsche Original-Oper* an die Pariser Grand opéra?[59]

> Der «Fliegende Holländer» ist nicht das einzige Opern-Sujet, das Wagner in Paris beschäftigte: Es gibt Prosaskizzen zu einer fünfaktigen Oper «Die Sarazenin» WWV 66 und einen Prosaentwurf zu einer Oper «Die Bergwerke zu Falun» WWV 67 nach der gleichnamigen Erzählung von E. T. A. Hoffmann.

Zwar kann Wagner durch Vermittlung Meyerbeers den Plot dorthin verkaufen und – so die Erinnerung in *Mein Leben* – von den verdienten 500 Franc die Miete eines Klaviers abzweigen, dessen er zur Komposition bedarf. Doch mit dem eigentlichen Libretto beauftragt die Direktion einen Schwager Victor Hugos, mit der Komposition den neuen Chordirektor Pierre-Louis Dietsch. So komponiert Wagner den *Holländer* in der Hoffnung auf eine Aufführung in Berlin, wo vor genau zwanzig Jahren der «Freischütz» zu jenem großartigen Erfolg geworden ist, den er sich nun selbst in der Heimat ersehnt. Drei Nummern hat er vorab komponiert, um für sein Werk zu werben: die Ballade der Senta, den Matrosenchor und den Chor der Holländermannschaft. Nun folgen zunächst das Spinnerlied und das Steuermannslied, danach die übrigen Teile. Am 20. November 1842 kann Wagner das fertige Werk nach Berlin senden.

Was für Webers «Freischütz» der Wald, ist für Wagners

*Holländer* das *große, wilde Meer*⁶⁰; an die Stelle des Jägerchors tritt der Chor der Seeleute, deren Arbeitsrufe in der Musik realistisch widerhallen. Auch in anderen Nummern sind die genrehaften Züge der deutschen Oper unübersehbar. Doch zugleich zeigt sich Wagner als Musikdramatiker: *Den modernen Zuschnitt in Arien, Duetten, Finale's etc. mußte ich sogleich aufgeben, und dafür in einem fort die Sage erzählen.*⁶¹

Dies gelingt umso besser, als viele Gesänge – wie später im *Tannhäuser* und in den *Meistersingern* – in die Handlung integriert sind und damit zu einem dramaturgisch begründeten Formkonzept beitragen. Zudem deutet sich Leitmotivtechnik an. In späteren Jahren hätte Wagner gern an der Partitur des *Holländers* gebessert, um dann doch davon abzulassen. Gottlob – denn sein erster großer Schritt von der Oper zum musikalischen Drama ist reizvoll gerade in seinem unkalkulierten Eifer.

Erst später ist Wagner die Philosophie Arthur Schopenhauers lieb geworden; doch schon die Botschaft des *Holländer* ist pessimistisch: Wer der profanen Welt von Ehe, Spinnstube und Handelskontor entflieht, landet nicht im Reigen seliger Geister, sondern in einem seelischen Notstand, dem nur der Tod abhelfen kann. Das weist auf *Ring* und *Tristan* voraus!

Auch wenn die Entstehung des *Holländer* das wichtigste Ereignis der Pariser Zeit ist, darf eine kurze Beschreibung der Lebensumstände nicht fehlen. Wagners Aufenthalt beginnt in einem bescheidenen Hotelzimmer in der Rue de la Tonnellerie, das Schwager Avenarius besorgt hat, der auch mit etwas Geld aushilft. Gleichwohl muss schon bald Minnas Schmuck und ihr *schöner mit Silber bestickter blauer Schlepprock*, letzte Erinnerung an die Theaterzeit, versetzt werden.⁶² Nachdem Freund Laube in Leipzig einiges Geld aufgetrieben hat, kann eine Wohnung in der Rue de Helder bezogen werden. Als diese unbezahlbar wird, geht es in den Vorort Meudon und danach zurück nach Paris in die Rue Jacob. Gespart hat man nichts, weil die erste Wohnung nicht rechtzeitig gekündigt wurde und Nachmieter schwer zu bekommen sind.

Wagner kann sich nicht nur um seine Opernprojekte

kümmern, muss vielmehr auch Geld verdienen. Er schreibt Feuilletons für August Lewalds «Europa» und für die «Gazette Musicale» des Musikverlegers Schlesinger, ist jedoch vor allem als Arrangeur von aktuellen Opern (WWV 62) tätig: Klavierauszüge mit und ohne Worte, zu zwei und zu vier Händen sowie Arrangements ausgewählter Piècen für Klavier, Quartettbesetzung oder zwei Violinen entstehen von Donizettis «La Favorite» sowie Halévys «Le Guitarrero» und «La Reine de Chypre». Eine Schule für das «Cornet à pistons» genannte Ventilposthorn, die Wagner als besonders skurrilen Auftrag erwähnt, ist wohl nicht zum Abschluss gekommen.

Ein Sechsundzwanzigjähriger, der sich zu Größtem berufen sieht, muss solche mühsamen Alltagstätigkeiten als Demütigung betrachten, soll er doch den aktuellen Stars der Oper zu Diensten sein und im Büro des Verlegers vorstellig werden, um fertige Ware abzuliefern und neuen Vorschuss zu empfangen. Noch in der Dresdner Kapellmeisterzeit wird Wagner diese Fron verfolgen, denn nicht alle Vorauszahlungen sind bis dahin abgearbeitet, und der Arm eines Pariser Verlegers reicht weit. Indessen muss man Wagner nicht zu einem Märtyrer oder gar zu einem Opfer jüdischen Schachers machen, denn er hat nicht nur für den jüdischen Verleger Schlesinger gearbeitet, wie er später glauben machen will. Jedoch hat er den jüdischen Komponisten Meyerbeer mit einer Devotheit umworben, die zu seiner Kritik am jüdischen Charakter nicht recht passen will. So heißt es in einem der Briefe an den *innigst verehrten Herrn und Protector* Meyerbeer wohl kaum nur ironisch: *Ich sehe kommen, daß ich Sie von Äonen zu Äonen mit Dankesstammeln verfolgen werde.*[63]

Vom Privatleben der Wagners in Paris gibt im Wesentlichen nur *Mein Leben* Auskunft. Danach erscheint die Pariser Zeit als schwer zu spezifizierende Mischung aus nackter Not und Boheme. An sich hätten die Einnahmen für ein bescheidenes Leben ausreichen müssen; doch die Rollen in der ehelichen Gemeinschaft sind geteilt: Minna, die inzwischen wieder ihre Tochter Natalie bei sich hat, rechnet, wirtschaftet, kocht Mahlzeiten aus gefundenen Pilzen, betreut die Unter-

Richard Wagner. Bleistiftzeichnung von Ernst Benedikt Kietz, Paris 1840/42. Das Bild gelangte in Wagners Steckbrief von 1849 zu trauriger Berühmtheit (vgl. S. 55).

mieter Fräulein Leplay und Herrn Brix und übernimmt, als die Concierge nicht mehr bezahlbar ist, auch das Putzen. Wagner lässt sich einen Bart wachsen, schreibt seine Noten und Novellen. Ist die Geldnot gar zu schlimm, unternimmt er *Streifzüge* nach Paris, von denen er oft genug zwar *schweißtriefend und erschöpft*, aber ergebnislos zurückkommt.[64] Zugleich ist er groß in Anschaffungen, die in die Kargheit des Alltags ein wenig Luxus bringen sollen.

Zur Halbschwester Caecilie Avenarius und ihrem Mann hat man erst distanzierte, dann freundliche Beziehungen. Zum engsten Freundeskreis gehören einige deutsche *Leidensgenossen im Pariser Elend*[65]: der Maler Ernst Benedikt Kietz, der Privatgelehrte Samuel Lehrs und der Bibliothekar Gottfried Engelbert Anders; zu ihnen stößt gelegentlich der Maler Friedrich Pecht. Man hilft sich gegenseitig und legt für gemeinsame Abende zusammen – etwa für die Silvesterfeier 1840: *Das Souper verwandelte sich zum dithyrambischen Gelage; als nach dem Champagner noch der Punsch zu wirken begann, hielt ich eine emphatische Rede, die, weil sie die Freunde in unaufhörlichem Lachen unterhielt, nicht enden wollte.*[66]

Minna ist Mutter der Kompagnie, damit in wichtiger Funktion und von den Männern geschätzt und verehrt. Von einem Boheme-Leben darf man sprechen, weil Musik gemacht, gemalt, gedichtet und diskutiert wird. Von Lehrs erhält Wagner Anstöße, sich mit der deutschen Geschichte und konkret mit der Gestalt des Tannhäuser zu beschäftigen.

Je länger, je mehr zieht es Wagner nach Deutschland zurück. Als Dresden im Juni 1841 den *Rienzi* und Berlin neun Monate später den *Holländer* annimmt, ist es so weit: Nachdem die Dresdner Verwandtschaft die Reisekosten vorgestreckt hat, kann sie ihren verlorenen Sohn im April 1842 wieder in die Arme schließen. Der reist jedoch gleich weiter nach Berlin, um sich um sein liebstes Kind, den *Holländer* zu kümmern. Derweilen leidet Minna, die ihre Tochter in Paris zurückgelassen hat, unter Einsamkeit. Die im Urteil einer Zeitzeugin unverändert «sehr schöne Frau»[67] muss immer wieder mit Hund Peps und Papagei Papo, dem sie «Richard! Freiheit! Santo spirito» und Themen aus dem *Rienzi* beigebracht hat[68], vorlieb nehmen:

«Seine Angelegenheiten beschäftigen ihn; ich aber, wenn ich Zerstreuungen hätte finden können, habe sie geflohen, denn alles widert mich an. Paris ist mir wie ein Himmel, und nur mit Tränen denke ich daran zurück», schreibt sie der Schwägerin nach Paris.[69] Dort gab es zwar Mangel, aber auch eine große ‹Familie›.

Zumal ein Heer alter und neuer Gläubiger zu befriedigen ist, will auch die äußere Not trotz mancher Hilfe nicht abnehmen. Man muss ein dürftiges Logis in der Waisenhausstraße beziehen, wo im September 1842 der *schlechteste Geburtstag* gefeiert wird[70], den Wagner bisher mit Minna erlebt hat. In der Ostra-Alle wird man ab 1843 würdiger, im Palais Marcolini danach wieder bescheidener wohnen.

Zum Glück steht die Uraufführung des *Rienzi* an: *Alles verspricht einen tüchtigen Erfolg*, so schreibt Wagner an Schumann. *Gott möge ihn mir geben, ich schmachte seit zehn Jahren darnach,*

> Richard Wagner eröffnet der Dresdner Hofopernintendanz am 29. Januar 1848 seine Schulden, im Gegenwert von mehr als fünf regulären Jahresgehältern:
> «I. 1. An einen befreundeten Gläubiger, der nicht genannt zu
> werden wünscht: 2400 Thr
> 2. An Mad. Tietze, Kammerfrau 800 Thr
> 3. Durch den Commissionär W. Lenk 600 Thr
> 4. An Hrn Advocat Albert Kuhn 500 Thr
> 5. An den Hofmusikalienhändler Hrn Meser 700 Thr
> 6. An einen hiesigen Angestellten, welcher
> ungenannt zu sein wünscht 300 Thr
> 7. An Breitkopf u. Härtel in Leipzig 240 Thr
> 8. Rest einer sehr alten Schuld an einen
> Meubelhändler in Paris 200 Thr
> II. 1. Von einer hier ansässigen Dame
> (Mad. Klepperbein) 1000 Thr
> 2. An A. W. Lewy 300 Thr
> 3. an M. Eger, gegen Gehaltsquittungen 260 Thr
> 4. An die Königliche Hoftheater-Casse 200 Thr
> 5. Verschiedene größere u. kleinere Posten,
> Rechnungen pp. deren Abrechnung drängt <u>500 Thr</u>
> 8000 Thr»
> Dazu Wagners Kommentar: «Der Betrag [...] kann bei jährlicher Abzahlung von 800 Thr. in sechzehn und einem Viertel-Jahr getilgt werden; da ich jetzt erst in meinem 35sten Jahre stehe und mich im Ganzen einer sehr elastischen u. ausdauernden Constitution erfreue, dürfte wohl die Annahme, daß ich solange thätig verbleiben würde, nichts gegen sich haben.»
> H.-G. Ottenberg und E. Steindorf (Hg.): Der Klang der Sächsischen
> Staatskapelle Dresden, Hildesheim 2001, S. 150-152

*so wie ich möchte – hervorzutreten.*[71] Hofkapellmeister Carl Reißiger wird die Aufführung leiten, Joseph Tichatschek die Titelrolle singen. Tatsächlich kann Wagner nach der Premiere am 20. Oktober 1842 melden: *Es war eine Aufregung, eine Revolution durch die ganze Stadt; – ich bin viermal tumultuarisch gerufen. Man versichert mir, daß Meyerbeer's Succes bei seiner hiesigen Aufführung der Hugenotten nicht im Vergleich zu stellen sei mit dem meines Rienzi.*[72] Die Presse ist voll Lobes und Wagner in aller Munde. Auf Jahre hinaus wird *Rienzi* Wagners populärstes Werk sein.

Den *Holländer* hätte Wagner gern am Berliner Theater als «Freischütz» redivivus untergebracht. Als es dort Hemmnisse gibt, muss er jedoch froh sein, dass man sich stattdessen in Dresden an den *Holländer* wagt. Diesmal hält sich der Premieren-Erfolg vom 2. Januar 1842 allerdings in Grenzen; auch die Presse reagiert gespalten. Das Publikum tut sich schwer mit dem *so gänzlich schmucklosen, dürftigen und düstren Werk*, wie es Wagner später in leichter Selbstironie nennen wird[73]; und selbst eine so routinierte Sängerin wie die Schröder-Devrient hat Probleme mit der eigens für sie einen Ton tiefer transponierten Ballade der Senta. Umso besser, dass er zwei Jahre später in Berlin eine *hinreißend schöne* Premiere dirigieren kann – in Anwesenheit des freundlich gratulierenden Mendelssohn Bartholdy und vor begeistertem Publikum.[74]

Seit Februar 1843 ist Wagner gleichberechtigt mit Reißiger Dresdner Hofkapellmeister, während das Amt des Oberhofkapellmeisters unbesetzt bleibt. Die neue Würde hat er nicht nur dem Erfolg des *Rienzi* zu verdanken, sondern auch seiner Fähigkeit, Künstler für eine große Sache – natürlich vor allem die eigene – zu begeistern und dementsprechend mitzureißen. Einerseits tut sich die Intendanz mit dem Feuerkopf und Schuldenmacher schwer, andererseits verspricht sie sich neue Impulse. Und die vermag ein Mann zu geben, der sich zur Durchführung einer *ächt künstlerischen Reorganisation des hiesigen Musikwesens* geradezu berufen fühlt.[75] Wenngleich Wagner die Routinearbeit möglichst dem Kollegen überlässt, ist er an Repertoirepflege interessiert – vor allem in der Tradition

«Rienzi», Finale des 2. Akts. Aquarell von Johann Peter Leyser. In der Titelrolle einer Dresdner Aufführung aus dem Jahr 1843 sieht man den Tenor Joseph Tichatschek.

Glucks, Mozarts, Beethovens, Webers und Spohrs. Doch auch dem Berliner Kollegen Spontini gibt Wagner Gelegenheit zu einer gründlichen Einstudierung der «Vestalin» – einem Werk, dem er wenig später formale Ideen für das erste *Lohengrin*-Finale entnehmen wird.[76]

Die traditionellen Palmsonntagskonzerte zugunsten des Pensionsfonds der Orchestermusiker, deren materielles Wohlergehen ihm am Herzen liegt, benutzt Wagner zu bewusster Traditionspflege nach dem Vorbild der Gewandhauskonzerte Mendelssohn Bartholdys. Auch wer von seinen oftmals schnellen, angeblich «Pariser» Tempi nicht immer angetan ist, muss anerkennen, dass hier ein Orchestererzieher modernen Zuschnitts mit dem Willen zu werkgetreuen Aufführungen tätig ist. Das gilt in fast noch stärkerem Maße für die Abonnementskonzerte des Winters 1847/48, innerhalb derer nicht nur eine gefeierte Aufführung von Beethovens «Neunter Sinfonie» gelingt, sondern auch das Experiment, Vokalpolyphonie von Palestrina und Bach in den Konzertsaal zu bringen. Mit alledem trägt Wagner das Seine zur anbrechenden Ära des Stardirigenten bei: Dass man ihn am Ende eines Konzerts herausruft und hochleben lässt, ist für Dresden eine kleine Sensation.

Im Dresdner Musikbetrieb ist Wagner auch mit Auftrags- und Gelegenheitswerken präsent. Vor allem in seiner Eigenschaft als Leiter der Dresdner Liedertafel schreibt er Männerchöre für aktuelle Ereignisse im Königshaus (WWV 68 und 71) und anlässlich der Überführung der Leiche Carl Maria von Webers nach Dresden (WWV 72). Künstlerisch bedeutender ist sein Beitrag für ein Dresdner Männerchorfest, *Das Liebesmahl der Apostel* (WWV 69). Auch wenn Wagner später über sein *Ammergauerspiel* gescherzt hat[77], gibt dieses doch einen Vorgeschmack auf die sakralen Szenen des *Parsifal*. Im Zentrum der Dresdner Zeit stehen freilich zwei Bühnenwerke, die in der Tradition des *Holländer* von ihm *romantische Opern* genannt werden: *Tannhäuser und der Sängerkrieg auf Wartburg* sowie *Lohengrin*.

Erste Pläne, mit *Tannhäuser* eine spezifisch deutsche Oper zu komponieren, reichen in die Pariser Zeit zurück, werden jedoch erst in Dresden in ein Sujet überführt, dessen christlich-mittelalterliche Züge einerseits den historistischen Zeitgeist spiegeln und andererseits einem katholischen Hof wohl anstehen. Nach eingehenden Quellenstudien folgt Wagner einer aktuellen germanistischen Theorie, nach der sich die Sagenkreise vom Tannhäuser im Venusberg und vom Sängerkrieg auf der Wartburg verbinden lassen. Freilich bleibt in seiner

Dichtung ungeklärt, w i e Tannhäuser aus dem Kreis der edlen Minnesänger in die Arme von Frau Venus gelangt ist, wo wir ihn gleich zu Beginn der Oper antreffen. Das macht freilich den Grundgedanken des *Tannhäuser* nicht undeutlicher: Wagner will ein Fanal des Heiligen in einer heillosen Welt aufrichten.

Der Prosaentwurf mit dem Titel *Der Venusberg* entsteht 1842 im Teplitzer Sommerquartier, die Komposition ist im April 1845 abgeschlossen, und schon ein halbes Jahr später kann die Premiere am Dresdner Hoftheater stattfinden. Das Publikum feiert die beiden ersten Akte, zeigt sich jedoch vom textlich und musikalisch schwerer zugänglichen dritten Akt eher gelangweilt. In weiteren Aufführungen schlägt die Stimmung zugunsten Wagners um.

Tichatschek, der einst so glänzende Rienzi, kommt mit der Titelrolle nur schwer zurecht. Weil er *keine Ahnung von seiner Aufgabe als dramatischer Darsteller hat* und im zweiten Akt das hohe a auf die Worte *Erbarm dich mein* nicht mit aller Leidenschaft *hervorschleudern* will oder kann, muss Wagner eine Stelle streichen, die er als *Mittelpunkt des ganzen Drama's* betrachtet.[78] Man ahnt seine Wut und vermag noch besser zu würdigen, dass er zwei Jahrzehnte später seinem damaligen Gönner Ludwig II. die Gründung einer Schule für deutschen Operngesang vorschlagen wird.

Schon vor der *Tannhäuser*-Premiere hat Wagner mit dem *Lohengrin* begonnen. Wie im Fall des *Tannhäuser* reicht eine erste Beschäftigung mit dem Stoff in die Pariser Zeit zurück. Doch erst während eines fünfwöchigen Kuraufenthalts in Marienbad im Sommer 1845 wird es ernst: Wagner macht sich mit Wolfram von Eschenbachs mittelalterlichen Epen «Parzival» und «Titurel» in zwei neueren Übersetzungen vertraut, studiert Joseph Görres' Einleitung zu einem vatikanischen «Lohengrin»-Epos und einschlägige Sagendarstellungen Jacob Grimms. Aus der *dürftigsten u. plattesten* Form, in dem die an sich *hochpoetische Sage* auf uns gekommen sei, ein neues und schönes Ganzes zu machen[79], erfüllt ihn mit größtem schöpferischem Behagen. Als er das Werk im Frühjahr 1848 abgeschlossen hat, ist es der revolutionären Zeitumstände wegen für eine Aufführung in Dresden zu spät.

Gleichwohl sollen die beiden in Dresden entstandenen Opern hier im Zusammenhang gewürdigt werden. Der Titelheld des *Tannhäuser* steht wie keine zweite Bühnengestalt Wagners dem Faust Goethes nahe: Das «juste milieu» der mittelalterlichen Wartburg mit den treudeutschen Minnesängern und ihrer Muse Elisabeth kann dem ruhelosen Künstler nicht genügen: Um neuer Erfahrungen willen flieht er zu Frau Venus. Doch Sinnenkitzel allein kann keine Erfüllung bringen, und für tätige Reue ist es zu spät. Erst im Tod erahnt Tannhäuser, was ihm in Elisabeth entgangen ist.

In seiner *Mittheilung an meine Freunde* von 1851 spricht Wagner im Kontext des *Tannhäuser* ein wenig dunkel von eigenen *trivialsten Begegnungen* und anschließendem *Ekel* angesichts dessen, *was unsere moderne Welt als Sinnlichkeit und Lebensgenuß zu bieten habe*.[80] Wenig später bezeichnet er in einem Brief an Liszt Tannhäusers Sätze *Zum Heil den Sündigen zu führen, die Gottgesandte nahte mir! Doch, ach, sie frevelnd zu berühren, hob ich den Lästerblick zu ihr* als neue Schlüsselstelle der Oper.[81] Das ist umso ernster zu nehmen, als aus Tannhäuser einmal Parsifal werden wird – der sinnlichen Verführungen ein für alle Mal widerstehende Held mit der Karriere eines Heiligen.

Hinter der Welt von Geschichte und Sage erscheint ein Wagner'scher Grundkonflikt: Der Mann, welcher sein Leben als eine einzige Suche begreift, kann und will sich vom liebenden Weib nicht finden lassen. Solche Zerrissenheit hat ihre Entsprechung in der Musik: Einerseits feiert sich die Wartburg-Gesellschaft mit festlichen Chören und stimmungsvollen Arien, andererseits liegt über der Darstellung sündiger Liebe und existenzieller Verzweiflung jener Geruch von Morbidität und «décadence», von welchem Charles Baudelaire so heftig angezogen war: Vom Dichter der «Fleurs du mal» wurden Amoralität, Künstlichkeit und Naturferne nicht moralisch gewertet, sondern als Voraussetzung absoluten Genusses gepriesen.

Szenenbild von der Uraufführung des «Tannhäuser» am 19. Oktober 1845 mit Wilhelmine Schröder-Devrient und Joseph Tichatscheck. Sepia-Zeichnung von Friedrich Tischbein

Im Kontext der Pariser *Tannhäuser*-Aufführung von 1861 hat sich Baudelaire auch vom Vorspiel zum *Lohengrin* begeistert gezeigt. Wagner beherrsche die Kunst, «durch feine Abstufungen alles, was im geistigen und natürlichen Menschen an Außerordentlichem, Maßlosem, Brünstigem vorhanden ist, auszudrücken»[82]. Das ist ohne großes Interesse an Details der Handlung beobachtet; und in der Tat hat Wagner oftmals Musik im Kopf, ehe die Dichtung niedergeschrieben ist. Stolz erklärt er dem Musikkritiker Karl Gaillard in der Zeit des *Tannhäuser*: *Ehe ich daran gehe, einen Vers zu machen, ja eine Scene zu entwerfen, bin ich bereits in dem musikalischen Dufte meiner Schöpfung berauscht, ich habe alle Töne, alle charakteristischen Motive im Kopfe, so daß, wenn dann die Verse fertig u. die Scenen geordnet sind, für mich die eigentliche Oper ebenfalls schon fertig ist, u. die detaillirte musikalische Behandlung mehr eine ruhige u. besonnene Nacharbeit ist.*[83]

Das gilt noch mehr für *Lohengrin*: Wagner denkt weniger in Formschemata und Nummern als in musikalischen Bildern, die ihren Reiz aus der Verschmelzung von Harmonik und Instrumentation ziehen. Die Orchesterfarben sind neuartig gemischt, und gelegentlich genügt ein Farbtupfer zur Herstellung eines ganzen Assoziationsfeldes. «Mit einem einzigen Accord sind wir uns näher als mit allen Redensarten»[84], schreibt Liszt unter dem Eindruck des *Lohengrin* an Wagner und spielt damit auf den Dominant-Sept-Akkord mit hochalterierter Quinte zu den Worten *Das süße Lied verhallt, wir sind allein* an. Wer zweifelte, wie er sich die Stimmung im Brautgemach von Elsa und Lohengrin vorstellen solle – jetzt weiß er es. Dergleichen geht an nervösem Reiz über die Ketten verminderter Septakkorde zur Illustration des *Holländer*-Sturms weit hinaus und hat erst im *Parsifal* wieder seine volle Entsprechung. Die «Pseudomorphose der Musik [des 19. Jahrhunderts] an die malerische Technik», von der Adorno nicht ohne Besorgnis spricht[85], hat in solchen Phänomenen ihren Anfang.

«Redet so eine Süßspeise oder eine Sehnsucht? Lispelt da noch Romantik oder schon das bloße, hauchdünn gewordene Bedürfnis nach ihr?»[86] – so hat unlängst der Essayist Reinhard Baumgart das *Lohengrin*-Vorspiel zweiflerisch befragt und ganz nebenbei einen Paradigmenwechsel auf den Punkt gebracht, der die Musikkritiker schon zu Zeiten Wagners gewaltig irritiert hat: Da greifen weder die Regeln der Zunft noch die Kriterien einer idealistischen Musikästhetik; vielmehr muss der

Rezipient selbst entscheiden, was er wahrnimmt – der Möglichkeiten gibt es genug. Wagner selbst hatte an seiner *Lohengrin*-Musik zeitlebens nichts auszusetzen: Die letzte seiner «Opern» – danach gibt es nur noch musikalische Dramen – konnte sich sehen lassen!

Das Sujet ist allerdings ein Kompromiss. Einerseits artikuliert sich historisch konkreter als im *Tannhäuser* deutsches Nationalgefühl. Andererseits gehört die Tragik des Geschehens ganz der mythisch-psychologischen Sphäre an, denn es geht um die *Berührung einer übersinnlichen Erscheinung mit der menschlichen Natur und der Unmöglichkeit einer Dauer derselben.* Die auf ihren Retter wartende Elsa von Brabant ist bei aller sinnlichen Fülle nicht das von Lohengrin erhoffte *Weib, dem er sich nicht zu erklären, nicht zu rechtfertigen habe, sondern das ihn unbedingt liebe*[87]: Denn auch sie betet seine Gottheit an und kann ihn deshalb nicht zum Menschen erlösen.

Kann man es diesem spröden, um sein Geheimnis besorgten Gralsritter, der da im schwanengezogenen Nachen auftritt, überhaupt recht machen? Wagner selbst verneint dies: Dass jemand weder lieben kann, wie er will, noch so geliebt wird, wie er es braucht, hat seinen Grund in der Frivolität einer Gesellschaft, die solche Liebe grundsätzlich nicht erlaubt. Es gebe *keine Befreiung aus der sehnsüchtigen Individualität als in dem Tod*, wird er später einmal sagen.[88] Auch im Raum der Politik gibt es letztlich keine Annäherung zwischen Realität und Utopie. Im Vorfeld der Revolution von 1848/49 wird Wagner zwar vorübergehend darum kämpfen, dann aber im *Ring* zu seiner alten Skepsis zurückkehren.

Nicht einmal persönliche Moral kann sich jemand leisten, der in dieser schnöden Welt seiner künstlerischen Bestimmung nachgehen muss: *Oft übermannt es mich recht, Frau Ritter wieder einmal zu schreiben: ich komme mir manchmal so ungeheuer undankbar gegen sie vor! Ohne diese großherzige Frau wäre ich doch jetzt der bejammernswürdigste Mensch. […] Und doch – lebt ein Geist der Unzufriedenheit in mir, der mich, wie zur Selbstvernichtung, gegen mein Liebstes, selbst gegen diese Frau, antreibt*[89], so heißt es im Exiljahr 1852. Und in den Tagebüchern Cosimas liest man: «Er klagte über die Nötigungen seiner künstlerischen Bestimmung, dadurch, daß er ihnen gehorche, seine moralischen Anlagen unausgebildet lassen zu müssen: nebenbei könne er nichts tun, oder alles fiele schlecht aus; ganz moralischer Mensch sein heiße aber sich aufopfern.»[90]

Aufopfern will sich Wagner jedoch nur für seine Sendung – eine Sendung ganz neuer Art: Der Künstler begnügt sich nicht länger damit, seine eigene Welt zu bauen, will sie vielmehr der realen Welt einpflanzen, wo sie der Pfahl im Fleisch sein soll. Das bedeutet, an Hegel anzuknüpfen und ihn zugleich vom Kopf auf die Füße zu stellen. Hegel ging bekanntlich von der Idee aus, dass die Einzelkünste am Ende ihrer Geschichte in der Philosophie aufzugehen hätten, welche nunmehr über die alleinige Wahrheit verfüge. Diese Vorstellung erhält durch Wagner eine überraschende Pointe: Als eigentliche Wahrheit bleibt nicht die Philosophie, sondern das philosophisch fundierte Gesamtkunstwerk übrig, das nunmehr dem Weltgeist seine Stimme zu leihen hat.

Wohlgemerkt: das Gesamtkunstwerk, denn Einzelaktionen wären wertlos! Deshalb kommt Wagner je länger je mehr von der Instrumentalmusik ab, die im Schatten Beethovens zu einem esoterischen Formenspiel oder zu bloßer Konventionalität verkommt und damit zum großen Ganzen nichts beizutragen hat. Doch auch die traditionelle Oper ist zu Reformen unfähig. Wagners Lösung ist die Erneuerung der attischen Tragödie aus dem Geist des germanischen Mythos in seiner eigenen dichterisch-musikalischen Formung. Dabei setzt er auf eine Revolution, welche alle dem hybriden Projekt entgegenstehenden Hindernisse mit einem Schlag aus dem Weg räumen soll.

## Von Dresden nach München: 1849 – 1864

Vormärz: Das ist die lange Latenzzeit zwischen Wiener Kongress 1814/15 und deutscher Märzrevolution – kongruent mit Wagners erster Lebenshälfte. Vormärz: Das sind speziell die letzten Jahre vor dem großen Ereignis, als Idealisten und Individualisten, Hegelianer und Jungdeutsche den Stab an die Vorkämpfer der Revolution abgeben: an Georg Herwegh und Ludwig Feuerbach, an Arnold Ruge und Karl Marx.

Auf langen Dresdner Spaziergängen diskutiert Wagner die Lage mit seinem Musikdirektor August Röckel, der von Politik mehr als von Musik versteht, den Dresdner Aufstand anleiten und dafür im Zuchthaus Waldheim landen wird. Dass Wagner sich von Röckels Optimismus anstecken lässt, bezeugt der Berufsrevolutionär Alfred Meißner, der Wagners Ansichten auf einem Ausflug von Künstlern und Literaten zum Waldschlösschen im September 1846 kennen lernt: «Ich erinnere mich noch ganz genau der Worte: ‹eine Revolution sei bereits in allen Köpfen vollzogen; das neue Deutschland sei fertig wie ein Erzguß, es bedürfe nur eines Hammerschlags auf die tönerne Hülle, daß es hervortrete›.»[91]

Wagner muss wissen, dass solches nicht unblutig abgehen kann. Im benachbarten Leipzig hat die Leibwache des sächsischen Thronfolgers Johann im Sommer zuvor ein Blutbad unter der Menge angerichtet; und das allein deshalb, weil man in aufsässiger Weise den beliebten Johannes Ronge hat hochleben lassen – einen «linken» und wegen seiner Kritik an Rom exkommunizierten Priester. Doch gespannte Zeiten wecken in Wagner zuerst einmal Hochgefühle. In *Mein Leben* beschreibt er die Empfindungen, die ihn beim Ausbruch des Dresdner Aufstandes Anfang Mai 1849 auf dem Postplatz in der Nähe des Semper-Brunnens überkommen: *Der ganze Platz vor mir schien von einem dunkelgelben, fast bräunlichen Lichte beleuchtet zu sein, ähnlich wie ich es bei einer Sonnenfinsternis in Magdeburg wahrgenommen. Die dabei sich kundgebende Empfindung war die eines großen, ja ausschweifenden Behagens; ich fühlte plötzlich Lust, mit irgend etwas, sonst für nichtig gehalten, zu spielen; so geriet ich, vermutlich wegen der Nähe des Platzes, zunächst auf den Einfall, in Tichatscheks Wohnung den von ihm als passioniertem Sonntagsjäger gepflegten Schießgewehren nachzufragen.*[92] Gibt sich da jemand vor seinem königlichen Gönner Ludwig II. unpolitischer, als er gewesen ist? Oder hat Wagner die Revolution tatsächlich vor allem als ein Fest der Sinne erlebt – geradezu als Urbild einer grandiosen Opernszene? Bei näherem Zusehen zeigt sich, dass eins das andere nicht ausschließt.

Im Jahre 1841 veröffentlicht der unkonventionelle Braunschweiger Literat Wolfgang Robert Griepenkerl eine Musiknovelle, die trotz aller Phantastik ein klares Programm hat: «So ist also die Kunst nicht mehr das Armesünderglöckchen eines vereinzelten Individuums, sondern die große Glocke der Nationen, welche durch die Jahrhunderte hallt.»[93] Zumal diese Novelle von einer wild-verrückten Aufführung von Beethovens «Neunter Sinfonie» berichtet, mag sie Wagner schon in Paris in den Ohren geklungen haben. Zwar sind seine Dresdner Helden, Tannhäuser und Lohengrin, noch vereinzelte Individuen – aber nur deshalb, weil die Gesellschaft ihnen keine andere Wahl lässt. Außerdem ist Wagner inzwischen weiter: Im Kontext der Revolution verfasst er unter anderem die Dramenentwürfe *Siegfrieds Tod* und *Jesus von Nazareth* – den einen im Oktober 1848, den anderen im Frühjahr 1849.

Der Siegfried seiner *großen Heldenoper* ist nicht länger ein menschenscheuer und rasch beleidigter Gralsritter, vielmehr ganz im Sinne Feuerbachs *der männlich verkörperte Geist der ewig und einzig zeugenden Unwillkür, des Wirkers wirklicher Thaten, des Menschen in der Fülle höchster, unmittelbarster Kraft und zweiflosester Liebenswürdigkeit*[94]. Zwar scheitert auch er, und Wagner wird die Gründe dieses Scheiterns in den drei ersten Teilen der *Ring*-Tetralogie aufarbeiten müssen. Doch zunächst einmal ist Siegfried ein revolutionäres Vorbild – ebenso der vielleicht unter dem Eindruck von Wilhelm Weitlings «Evangelium des armen Sünders» skizzierte Jesus von Nazareth. In diesem sieht Wagner mehr als einen Sozialrevolutionär, nämlich das provokante «Haupt» einer Kirche, die sich bis heute mit den Topoi von Besitz, Gesetz, Staat, Ehe, Liebe und Freiheit herumschlägt.

Während Wagner an *Siegfrieds Tod* arbeitet, tagt zwar schon die Frankfurter Nationalversammlung, doch ist die Revolution noch nicht in Sachsen angekommen. Gleichwohl nimmt Wagner bereits lebhaften Anteil an den aktuellen Ereignissen. Am 19. Mai 1848 entwickelt er seinem Dresdner Paulskirchen-Abgeordneten Franz Wiegand radikaldemokratische Vorstellungen; vier Wochen später veröffentlicht er im «Dresdener Anzeiger» seine berühmte Rede *Wie verhalten sich republikanische Bestrebungen dem Königtum gegenüber?* Bald ist er bei Hof «politisch anrüchig», wie Eduard Devrient, sein am Theater Regie führender Kollege, bemerkt. Weiter heißt es bei Devrient anlässlich einer privaten Lesung der *Siegfried*-Dichtung Ende 1848: «Nachher sprachen wir lange über Sprache, Volksbildung, christliche Entwicklung und kamen natürlich auch auf den Staat, wo er wieder sein Steckenpferd, die Vernichtung des Kapitals bestieg. Aber er ist doch der bedeutendste Kopf von allen, die ich in Dresden kenne.»[95]

Bei Wahlen bekommt die Linke auch in Sachsen Oberwasser; sie fordert die Anerkennung der in Frankfurt verkündeten Grundrechte und lässt auch Wagner noch aktiver werden. In einem Artikel für Röckels linksradikale «Volksblätter» vom Februar 1849 ruft er zum *Kampf des Menschen gegen die bestehende Gesellschaft* auf.[96] Entspricht dies auch der Tradition des Saint-Simonismus, so feiert Wagner zwei Monate später in einem weiteren Artikel unverblümt die *erhabene Göttin Revolution*[97]. Er ist jetzt Freund Bakunins, den er bis in die Bayreuther Jahre als *wilden und noblen Kerl* in Erinnerung behalten wird.[98] Als Cosima damals am aktuellen russischen Anarchismus Kritik übt, fährt Wagner unverändert wütend auf: *Berechtigung! Hat denn der Zar Berechtigung? Hier handelt es sich um Kräfte, um Recht als Jus, Kraft, wie die Römer es nannten; seitens der Herrschenden gibt es keine Kraft, seitens dieser Verschwörer aber eine.*[99]

Obwohl bei Hof Persona non grata, dirigiert Wagner noch am 1. April 1849 eine Aufführung der «Neunten Sinfonie». Eigentlich bis zuletzt hofft er auf die Reformwilligkeit des Königs, der in seinen Augen zu viel Macht an den Hof- und Beamtenstaat delegiert hat: Wagners eigener Freistaat Sachsen soll zwar das Ende der erblichen Monarchie bringen, doch zugleich die *Emanzipation des Königthums* mit dem *Ersten des Volkes, dem Freiesten der Freien* an der Spitze.[100] Aus der republikanischen Kommunalgarde tritt er wieder aus – unter Vorlage eines Attestes, das ihm einen doppelten Leistenbruch bescheinigt. Jedoch darf als historisch gesichert gelten, dass er an der Bereitstellung von Handgranaten durch den Gelbgießer Karl Wilhelm Oehme beteiligt ist.

Als die Erhebung am 5. Mai 1849 in Dresden beginnt, gehört Wagner zwar keinem Führungsgremium an, ist jedoch «freischaffend für die Revolution tätig».[101] Er lässt Handzettel drucken, verfolgt vom Kreuzturm aus den Zustrom Aufstän-

Brand des Dresdner Opernhauses am Zwinger am 7. Mai 1849.
Anonymer Holzschnitt

discher, will aber vor allem diskutieren und mit seinen eigenen Ideen gehört werden. Nachdem der Aufstand von den preußischen Hilfstruppen schon nach vier Tagen blutig niedergeschlagen worden ist, muss Wagner froh sein, seiner Verhaftung durch einen Zufall entgehen und nach Weimar ausweichen zu können. Seit dem 16. Mai steckbrieflich gesucht, hilft ihm allerdings nur noch die Flucht ins Ausland. Mit dem abgelaufenen Pass eines Professors Widmann und einer von Liszt gefüllten Börse reist Wagner zu Freunden nach Zürich. Dort trägt er alsbald einem ausgewählten Kreis *Siegfrieds Tod* vor und reist dann mit einem regulären Schweizer Pass nach Paris weiter.

Minna ist entsetzt über die revolutionären Aktivitäten ihres Mannes, hofft jedoch irrational auf eine Wendung zum Guten und bleibt deshalb zunächst in Dresden. Dort wird Wagner am 22. Juni 1849 wegen unerlaubter Abwesenheit aus seinem Amt entlassen, ohne sich wirklicher Schuld bewusst zu sein. Es wäre besserwisserisch, ihn der Naivität zu zeihen. Weiter reicht ein Gedanke Thomas Nipperdeys, demzufolge «Revolution» und «Nation» die großen Mythen des 19. Jahrhunderts sind. Beide opponieren gegen eine Gesellschaft, die Kalkül und Nützlichkeit zum obersten Prinzip erhebt und dadurch ihrer schöpferischen Kräfte verlustig geht: «Mythos ist Energie und Antriebskraft des Handelns, der Tat, und zwar der unbedingten Tat jenseits des reflektierenden Kalküls übers Erreichbare und Nützliche, der großen Tat, die das Opfer des eigenen Lebens als Möglichkeit einschließt, der Tat schließlich, die Individuen zu Gemeinsamkeit und Solidarität verbindet.»[102] Solchen Vorstellungen ist Wagner gefolgt, und er wird sie im Exil nicht aufgeben, vielmehr im Kontext seines eigenen Kunst-Mythos weitertreiben.

Das geschieht zunächst in einer Serie postrevolutionärer Schriften, die erstaunlicherweise in Sachsen erscheinen dürfen, dem Verleger Gewinn und dem Autor viel Zustimmung bringen. Augenscheinlich ist die Revolution nicht tot, und zum Glück ist auch Wagners Musik in der Heimat nicht vergessen. Jedenfalls nimmt sich Franz Liszt mit Begeisterung und

Hingabe der Uraufführung des *Lohengrin* an. Aus diesem Anlass kommen im August 1850 so prominente Leute wie Giacomo Meyerbeer, Joseph Joachim, Bettine von Arnim und Karl Gutzkow nach Weimar; als Kritiker sind Jules Janin aus Paris und Henry Chorley aus London anwesend. Der Autor selbst darf nicht einmal inkognito aus seinem Schweizer Exil anreisen; er besteigt am Tag der Aufführung den Rigi.

Inzwischen hat Wagner seine Frau dringlich gebeten, ihm nachzufolgen, und ihr eine Oper versprochen, *die einst in allen Sprachen gegeben werden und – meinem Glauben nach – dem Theater eine ganz neue Stellung geben soll*[103]. Doch als er im Juni 1849 in Paris, das Minna als alter und neuer Aufenthaltsort wohl noch am besten gefallen würde, sondiert, ist die Stadt voll vom «Propheten», der seinen Komponisten Meyerbeer soeben zum unumschränkten Herrscher über die Grand opéra und außerdem – als ersten deutschen Musiker – zum Kommandeur der Ehrenlegion gemacht hat. Allein bis zu seiner hundertsten Aufführung spielt das Werk eine dreiviertel Million Franc ein, von den internationalen Verlagsrechten ganz zu schweigen. Im 3. Akt wird zum ersten Mal in der Operngeschichte elektrisches Licht eingesetzt. Und trotz revuehafter Züge bis hin zu einem Schlittschuhläufer-Ballett hat der «Prophet» durchaus Züge, die ihn in die Nähe des von Wagner später postulierten musikalischen Dramas rücken.

Dieser liest derweilen in seinem dürftigen Quartier am Rand von Paris Proudhons «De la Propriété» und pflegt seinen Hass: *In den letzten Jahrzehenden sind unter Meyerbeer's Geldeinflusse die Pariser Opernkunstangelegenheiten so stinkend scheußlich geworden, daß sich ein ehrlicher Mensch nicht mit ihnen abgeben kann. […] Wie es jetzt steht, hält Meierbeer Alles in seiner Hand, – d. h. in seinem geldsacke; und der Pfuhl der zu durchschreitenden Intriguen ist zu groß, daß ganz andere und pfiffigere Kerle wie ich es längst aufgegeben haben.*[104]

Alsbald wird das Phänomen eingekreist und definitiv ideologisiert. Dekadent ist vor allem die französische Kultur; Paris lässt sich nicht einmal mehr ausmisten wie ein Augiasstall: Es muss *niedergebrannt* werden.[105] Vor allem aber gerät Wagners «revolutionäres Ersatzobjekt» ins Visier[106], die Juden. Sie sind an allem schuld – nicht a l l e , nicht n u r sie, aber eben d i e Juden. Sie denken nur ans Geld und haben keinen Sinn für das Höhere. Lebenslang sieht sich Wagner in ihrem Würgegriff: Sie haben das Geld, er hat die Schulden; sie herrschen über die Institutionen, er besitzt nur seine Schaffenskraft. In Bayreuth wird er einmal sagen, er fände *einzig den Arbeiter gleichsam lebensberechtigt,* und damit auch sich selbst meinen. Und weiter: «Die Revolution habe den Feudalismus gebrochen, dafür den Mammonismus eingeführt.»[107]

> Einst räsonnierte Meyerbeer:
> «Als Sponsor muss jetzt BAYER her!
> Mein neues Werk, DIE DRÖGEN DRUSEN,
> bestimme ich für Leverkusen!»
> … wo man bisher nur Wagner kannte,
> genau genommen: seine Tante,
> die dort von einer Rente lebte
> und ihrem Richie Höschen webte
> aus dem bewussten rosa Linnen.
> …. jedoch, ich sollte mich besinnen,
> worum es mir denn eig'ntlich ging:
> Ach ja – Da gibt es doch den RING
> mit jenem Singsang schwerer Zungen
> von Wälsungen und Nibelungen.
> Die schickte nun mit Schwert und Speer
> Der MEISTER gegen Meyerbeer.
> Denn eines konnt' er nicht verknusen:
> ein Leverkusen mit den DRUSEN!
> Und fänd' man dort den RING zu schwer,
> dann müsste halt RIENZI her,
> doch keinen Ton von Meyerbeer,
> sonst gäb's für ihn kein BAYER mehr!
>
> **Zur Identität des Dichters s. S. 187**

Die Vorstellung, dass dieser Mammonismus grosso modo von den Juden repräsentiert werde, ist zwar paranoisch, trotzdem aber ein Topos in rechten wie in linken Kreisen. Wagner versucht ihn in seinem 1850 für die «Neuen Zeitschrift für Musik» verfassten Aufsatz *Über das Judenthum in der Musik* sozialgeschichtlich zu stützen, indem er das *geschichtliche Elend der Juden* mit der *räuberischen Roheit der christlich-germanischen Gewalthaber* entschuldigt.[108] Schlimmer ist die rassistische Polemik, die Wagner im selben Essay vorträgt. Zwar hat die «Neue Zeitschrift für Musik» zuvor schon den Dresdner Musiker Theodor Uhlig über das «Gemauschele» der «Judenmusik» am Beispiel Meyerbeers herziehen lassen.[109] Doch Uhlig ist nur die Stimme seines Herrn, der nunmehr aus der Reserve geht und den Synagogal-Gesang der Juden seinerseits als *Sinn und Geist verwirrendes Gegurgel, Gejodel und Geplapper* verunglimpft.

Am Ende argumentiert der unter dem Pseudonym K. Freigedank schreibende Wagner sogar biologistisch: Nachdem der kräftige *Lebensorganismus*, wie ihn die Musik *bis auf die Zeiten Mozarts und Beethovens* dargestellt hat, abgestorben ist, haben sich seiner *die außerhalb liegenden Elemente* bemächtigt, um seine Kraft zu *zersetzen: Dann löst sich wohl das Fleisch dieses Körpers in wimmelnde Vielleibigkeit von Würmern auf.* Der Schlusssatz enthält den berühmt-berüchtigten Hinweis auf das einzig mögliche Heilmittel: *die Erlösung Ahasver's: der Untergang!*[110] Selbigen empfiehlt Wagner zwar nicht nur den Juden, sondern auch den vom Zeitgeist angekränkelten Deutschen und damit sich selbst; jedoch bleibt ein markanter Unterschied zwischen Zersetzern und Zersetzten.

In einer Ära relativ liberaler Judenpolitik erfährt Wagner nicht nur Zustimmung. Vor allem die Intelligenzpresse ist bemüht, seine Auffassungen als «satirische Übertreibung» herabzuspielen[111], und in den angesehenen «Grenzboten» heißt es: «Wir haben Herrn Wagner auch nicht der Judenfeindschaft bezüchtigt; wir haben im Gegentheil die Judenfeindschaft, die sich anscheinend in seinen Schriften ausspricht, dadurch zu erklären gesucht, daß sein Haß nicht den wirklichen Juden gilt, sondern einem imaginairen Gedankending, dem bösen Geist des Zeitalters, den er bald mit dem Ausdruck Judenthum, bald mit dem Ausdruck der Bourgeoisie bezeichnet.»[112]

Das ist nicht ganz unrichtig, denn Wagner wünscht sich nach wie vor das Absterben des bürgerlichen Staats: *Das kunstwerk kann jetzt nicht geschaffen, sondern nur vorbereitet werden, und zwar durch revolutioniren, durch zerstören und zerschlagen alles dessen, was zerstörens= und zerschlagenswerth ist. Das ist unser werk, und ganz andere leute als wir werden erst die wahren schaffenden künstler sein.*[113] Dergleichen reflektiert nicht nur anarchistische Vorstellungen, sondern auch den ewigen Angst-Lust-Traum vom Weltuntergang und das urchristliche Motiv der «eschatologischen Weltvernichtung», welche der ewigen Seligkeit vorausgehen müsse.[114] Hans Magnus Enzensberger hat dafür im «Untergang der Titanic» die Worte gefunden: «Damals glaubten wir noch daran (wer: ‹wir›?) / als gäbe es etwas, das ganz und gar unterginge/spurlos verschwände, schattenlos/abschaffbar wäre ein für allemal/ohne, wie üblich, Reste zu hinterlassen.»[115]

Zurück zur Biographie Wagners: Dieser hat sich nach dem erfolglosen Paris-Intermezzo definitiv in Zürich niedergelassen. Doch Minna verzeiht nur schwer: «Mein größter Stolz und Vergnügen war unstreitig, Dich an der Spitze der bedeutendsten Kapelle von ganz Deutschland zu sehen. [...] Du erschienst mir wie ein Gott, der alle mächtigen Elemente regierte und die Menschen bezauberte.»[116] Aus Gattenliebe wagt sie schließlich doch den Schritt ins Ungewisse und findet sich im Frühherbst 1849 mit Natalie, Peps, Papo und einer Kiste mit Manuskripten in Zürich ein. Während die künftige Freundin Emma Herwegh «eine stattliche hübsche Erscheinung» wahrnimmt[117], spricht Wagner in *Mein Leben* von einer *offenbar sehr gealterten Frau*[118] und macht obendrein ihr Drängen dafür ver-

Wagners Steckbrief vom 16. Mai 1849, hier ohne das dazugehörige Porträt (vgl. S. 35) wiedergegeben. Während hier von «mittlerer Statur» die Rede ist, wird die Körpergröße in Wagners Schweizer Pass mit 5 Fuß, 5 ½ Zoll angegeben. Der seinem Antihelden nicht eben wohlgesonnene Biograph Ernest Gutman hat dies auf 153 cm heruntergerechnet; in Wahrheit sind es wohl 166,5 cm.

Richard Wagner
*ehemal. Kapellmeister und politischer Flüchtling aus Dresden.*

**Steckbrief.**

Der unten etwas näher bezeichnete Königl. Capellmeister

Richard Wagner von hier ist wegen wesentlicher Theilnahme an der in hiesiger Stadt stattgefundenen aufrührerischen Bewegung zur Untersuchung zu ziehen, zur Zeit aber nicht zu erlangen gewesen. Es werden daher alle Polizeibehörden auf denselben aufmerksam gemacht und ersucht, Wagnern im Betretungsfalle zu verhaften und davon uns schleunigst Nachricht zu ertheilen.

Dresden, den 16. Mai 1849.

Die Stadt-Polizei-Deputation.

**von Oppell.**

Wagner ist 37—38 Jahre alt, mittler Statur, hat braunes Haar und trägt eine Brille.

antwortlich, dass er im Februar 1850 um illusorischer Opernpläne willen noch einmal nach Frankreich aufbricht.

Dort wird er sich alsbald verlieben: Jessie Laussot, gebürtige Engländerin, ist um die zwanzig und seit einiger Zeit in Bordeaux mit einem *jungen schönen* Weinhändler verheiratet.[119] In

Jessie Laussot im reiferen Alter. Ein Jugendbildnis ist nicht bekannt. Man darf Wagners Musen nicht unterschätzen – Jessie Laussot, Mathilde Wesendonck, Judith Gautier, Cosima von Bülow. Sie alle waren von Jugend auf gebildet, später selbst literarisch tätig und wohl nicht zufällig im Französischen zu Hause. Die erste Gattin Minna konnte zumindest formal mithalten: Immerhin hatte sie Dutzende von Schauspielrollen in ihrem Repertoire.

ihrer Dresdner Ausbildungszeit hat sie die *Tannhäuser*-Premiere miterlebt und Wagners Kunst lieben gelernt. Die kunstsinnige und in späteren Jahren selbst literarisch tätige Frau weiß es zu arrangieren, dass Wagner von ihrer Mutter Ann Taylor und von Julie Ritter, der schon erwähnten Dresdner Gönnerin, eine jährliche Rente von 3000 Franken ausgesetzt wird. Außerdem lädt sie Wagner nach Bordeaux ein. Wenn wir *Mein Leben* trauen dürfen, kommt es zu einem Liebesverhältnis und zu dem in Paris gefassten Beschluss, ins Ausland zu fliehen. Als der eilends informierte Ehemann droht, Wagner eine Kugel durch den Kopf zu schießen, macht sich dieser zu ihm auf den Weg, wird jedoch von der Polizei abgefangen und der Stadt Bordeaux verwiesen.

Der dramatische Bericht aus *Mein Leben*, welcher mangels weiterer Zeugnisse unkommentiert bleiben muss, ist um zwei Briefe Wagners an seine Frau zu ergänzen. Im April 1850 beklagt er fehlendes Verständnis für seine *Ecken und Auswüchse* und resümiert ohne jeden Hinweis auf Jessie: *Hier ist die einzige Heilung: Getrennt leben!*[120] Zehn Wochen später, nachdem die Träume zerstoben sind, tritt er unter der Briefüberschrift *Meine liebe, arme Frau* den geordneten Rückzug an.[121] Wer hier verdammt, sollte bedenken, wie oft ähnliche Rücksichtslosigkeiten geschehen, ohne dass in ihrem Kielwasser Werke wie der *Ring* oder *Tristan und Isolde* entstehen.

> Von Wagners Zeitgenossen Dostojewskij stammt der Ausspruch, das gefährlichste Hemmnis bei der Entwicklung unserer Kräfte sei die Angst, lächerlich zu erscheinen. Wie die von Cosima aufgezeichneten Träume zeigen, kannte Wagner diese Angst; doch beherrscht hat sie ihn nicht: Wie oft in seinem Leben hat er sich lächerlich und trotzdem weitergemacht!

Die nächsten Jahre wird das Ehepaar in leidlicher Harmonie verbringen. Ist einer von beiden auf Reisen oder zur Kur, schreibt Richard in fürsorglichem, manchmal ersichtlich liebevollem Tonfall: *Glaube mir, liebe Minna, wenn wir auch in manchem nicht recht gleich denken und uns über dies und jenes dann und wann verschieden auslassen: keiner von uns kann doch sein Leben mehr überblicken, ohne zu sehen durch welche grossen Beweise von Liebe und Ausdauer in den schwierigsten und oft schrecklichsten Lagen wir uns nahe stehen.*[122]

Über das Eigentliche, die Höhen und Tiefen seiner künstlerischen Arbeit, mag er sich allerdings nicht äußern; denn dafür kann oder will Minna sich nicht interessieren – die große Enttäuschung, welche sie ihm zeitlebens bereitet. Stattdessen berichtet er seiner *armen guten Frau*, der *guten Alten*, dem *ganz guten Mienel*, seiner *Mietzel, Mutz, Muzius* etc. ausführlich von Alltagsereignissen – manchmal freilich so, als ob er zu einem

Kind rede. Er ist ehrlich um ihr Existenzminimum besorgt, ohne doch seine Versprechungen immer einzuhalten. Keinesfalls will er Anlass zur Eifersucht geben und lässt deshalb zu einer Zeit, als Minna längst anderes ahnen muss, Grüße an *Onkel und Tante Wesendonck* ausrichten.[123]

Auch die finanzielle Gesamtsituation schildert er, um der herzkranken Frau Aufregungen zu ersparen, in seinen Briefen so optimistisch wie möglich. Doch Minna weiß Bescheid und lebt demgemäß in permanenter Verbitterung darüber, dass ihr Mann seinen unsicheren Status nicht wirklich ändern kann oder will. Chancenlos, mit einem eigenen Lebenskonzept durchzudringen, wird sie leidend, ohne doch ihre im Kern solidarische Haltung aufzugeben: So dient auch ihre Deutschlandreise vom Herbst 1854 vor allem dem Versuch, Wagners Amnestierung voranzutreiben und zu erfahren, wie es um die Pflege seiner Opern an deutschen Bühnen steht.

In dieser Hinsicht befindet sich Wagner auf seinem Zürcher Außenposten in einer fast verzweifelten Situation. Auf der einen Seite versucht er aus der Ferne möglichst viele Bühnen zu bewegen, die drei romantischen Opern – *Holländer*, *Tannhäuser* und *Lohengrin* – ins Repertoire zu nehmen, denn er braucht die Einnahmen und noch mehr die Bestätigung, dass er in Deutschland nicht vergessen ist. In der Tat sind seine Sondierungen bei Intendanten, Kapellmeistern und Sängern von wachsendem Erfolg gekrönt: Offensichtlich drängen Künstler und Publikum immer wieder zu Werken, die über bloße Opernroutine hinausgehen; und in diesem Sinne werden Wagners Opern in der Presse viel diskutiert.

Auf der anderen Seite ist der gängige Bühnenschlendrian gerade für Wagners Musikdramatik tödlich. Deren Erfolg hängt nicht am Beifall für einige Arien, muss vielmehr durch engagierte Dramaturgen, fähige Sängerdarsteller und ein gründlich vorbereitetes Orchester planmäßig erarbeitet werden. Deshalb fürchtet sich Wagner vor jedem dubiosen Projekt, und am liebsten sähe er die Verantwortlichen zuvor bei sich in Zürich, wie dies im Fall des Frankfurter Kapellmeisters Gustav Schmidt auch tatsächlich einmal gelingt. Wirkliche Heilung kann freilich nur ein eigenes Theater bringen. Doch zunächst muss er trotz *täglicher haarsträubender Beweise von der unglaublichen Gedankenlosigkeit und Stumpfsinnigkeit unsrer Sänger und Dirigenten* ständig gute Miene zum bösen Spiel machen.[124]

Ohnehin bleiben die Einnahmen meist hinter den Erwartungen zurück, sodass ohne die jährliche Rente von 800 Talern, immerhin mehr als die Hälfte des ehemaligen Dresdner Kapellmeistergehaltes, gar nicht auszukommen wäre: Die treue Julie Ritter kommt für sie auf, nachdem die Mutter Jessie Laussots verständlicherweise abgesprungen ist. Als sich die finanzielle Situation im Sommer 1854 trotzdem katastrophal zuspitzt, springt Otto Wesendonck, der wohlhabende Teilhaber einer New Yorker Seidenfirma, in die Bresche – allerdings unter der Bedingung, dass künftig der gemeinsame Freund Jakob Sulzer über alle Einnahmen und Ausgaben wache. Doch auch Wagners *Vormund* kann nicht verhindern[125], dass der Schützling sich weiterhin als «Pumpgenie», wie Thomas Mann es einmal genannt hat, betätigt.

Zwar entschuldigt sich das Mündel für *dumme Streiche* wie die üppige Einrichtung einer neuen Wohnung am Zeltweg 13 und seinen generellen *Narren am Luxus*[126], indessen braucht er ihn zum Durchhalten. Zwar will er weder Schätze sammeln noch seiner Umwelt durch Prachtentfaltung imponieren; doch da ist die Anstrengung der künstlerischen Arbeit: *Ich kann dann nicht wie ein Hund leben, ich kann mich nicht auf Stroh betten und mich an Fusel erquicken: meine stark gereizte, feine, ungeheuer begehrliche, aber ungemein zarte und zärtliche Sinnlichkeit, muß irgendwie sich geschmeichelt fühlen.*[127]

Aus dem Anspruch des Kindes an die Mutter, ohne Gegenleistung befriedigt zu werden, ist derjenige des Künstlers an die Gesellschaft geworden, von Alltagssorgen freigestellt zu sein. Aus dieser Haltung heraus zeigt Wagner, während er am *Ring* arbeitet, auch keinerlei Neigung, in Amerika zu dirigieren: *Du lieber Gott; dergleichen Summen, wie ich sie in Amerika «verdienen» könnte (??), sollten mir die Leute schenken, ohne etwas andres dafür zu fordern, als das, was ich eben thue, und was das beste ist, das ich thun kann.*[128]

Es gibt wohlhabende Leute, die das verstehen – zum Beispiel die Wesendoncks, die mehr tun als Gemäldesammler unserer Tage: Sie repräsentieren gesellschaftliche Kreise, die von der Wirkungsmacht engagierter und leidenschaftlicher Kunst stärker überzeugt sind, als man sich es heute träumen lässt. Wie zuvor der Kirche, wird im 19. Jahrhundert der Kunst ein gebührendes Opfer gebracht; und auch unter den weniger Betuchten finden sich manche, die mit leidenschaftlicher Bewunderung zu einem Künstler vom Format Wagners aufblicken, sich außergewöhnliche Kunsterfahrungen erhoffen und dafür eigenen Verzicht nicht scheuen.

Dass die Wesendoncks Wagner fördern, ist nicht zuletzt politisch begründet: Otto Wesendoncks Bruder Hugo ist als Mitglied des Frankfurter Parlaments aus Deutschland vertrieben und in absentia sogar zum Tod verurteilt worden. Überhaupt gibt es in Zürich einen Kreis von namhaften Emigranten, die regen Kontakt pflegen: Die Wagners verkehren mit dem Hamburger Journalisten François Wille und seiner Frau Eliza, die den dumpfen politischen Verhältnissen in Norddeutschland entflohen sind; sie pflegen Freundschaft mit dem badischen Revolutionär Georg Herwegh und seiner sinnesverwandten Frau Emma; ab 1855 gehört auch Gottfried Semper, Erbauer der Dresdner Oper und Mitstreiter Wagners während der Revolution von 1848/49, zu ihrem Kreis.

Besonders gern ist im Haus Wagner die *Dreieinigkeit* gesehen[129], bestehend aus dem damals noch jungen, später erfolgreichen demokratischen Politiker Jakob Sulzer, dem Musiker Wilhelm Baumgartner und dem Journalisten Johann Bernhard Spyri, Ehemann der Dichterin Johanna Spyri. Man musiziert, diskutiert und geht in die Berge – Letzteres unabdingbar für Wagners körperliche Erholung, geistige Entspannung und künstlerische Erneuerung. Ein Bericht über den Abstieg *aus den gräßlichsten Eisregionen* endet mit den Worten: *Ich war ganz berauscht und lachte wie ein kind, als ich endlich aus Kastanienwäldern durch Wiesen und selbst Getreidefelder ging.*[130]

Im Sommer 1853 kommt Liszt zu Besuch – ein erstes Wiedersehen nach vier Jahren. Wagner berichtet vom Stand des *Ring*-Projekts und freut sich seinerseits an des Freundes «Sinfonischen Dichtungen» und an seinen fürs Klavier bestimmten «Harmonies poétiques et religieuses». Vor allem in diesen Wochen bekommt er eine Ahnung von Liszts harmonischen Künsten; sie werden ihm bei der weiteren Komposition des *Rings* zugute kommen. Liszt genießt die offene Atmosphäre im Haus, ist jedoch etwas irritiert von der Freizügigkeit, mit der sein Gastgeber ein Dutzend Personen mittags wie abends an der «table ouverte» bewirtet: Schließlich ist er es, der immer wieder mit Geld aushelfen muss.

Anlässlich des zwanzigsten Hochzeitstags der Wagners im November 1856 sieht man sich am Rand eines Musikfests in St. Gallen wieder. Liszt spielt die «Hammerklaviersonate»; später tanzt man zu den Klängen des Brautchors aus *Lohengrin* eine Polonaise durch die Räume des gastgebenden Kaufmanns – ein Vorgang, der Licht auf Wagners Verhältnis zum Schweizer Bürgertum wirft: Längst hat sich der Zugereiste in das Zürcher Musikleben eingeschaltet und zum Jubel der Hörer Orchesterwerke und Opern dirigiert: Mozart, Beethoven, Weber, Bellini

Vater und älterer Bruder im Geiste: Ludwig van Beethoven, 1804 gemalt von Wilibrord Mähler, und Franz Liszt, 1847 gemalt von Miklós Barabás

und natürlich Wagner. Unter dem Titel *Ein Theater in Zürich* entsteht sogar eine kleine Reformschrift. Als Gründungsvater der Zürcher Sinfoniekonzerte modernen Zuschnitts macht man Wagner zum Ehrenmitglied der Musikgesellschaft und lässt darüber vergessen, dass Jahr für Jahr Anträge auf Aufenthaltsverlängerung fällig werden und unverändert Geheimberichte an die sächsische Polizei gehen.

Der Widerspruch ist Wagners Biographie eingeschrieben: einerseits Außenseiter zu sein, andererseits geschätzt und umworben zu werden. Mancher ist seinem Charisma geradezu verfallen: Uhlig, Bülow, Liszt, Cosima, Nietzsche, Ludwig II., Rubinstein, Wolzogen. Und gilt Ähnliches in abgeschwächter Form nicht für die halbe kunstinteressierte Welt? Jedenfalls braucht sie ihn – als jemanden, der das «juste milieu» überwindet, indem er seine Sendung tödlich ernst nimmt. Seine Anhänger verstehen das geradezu mystisch: Er stirbt beim *blutig schweren Werk der Bildung einer unvorhandenen Welt* immer neue Tode[131], damit w i r hoffen dürfen.

Wenngleich bereits die Beschäftigung mit revolutionären Kunsttheorien die *Kopfnerven bis zum Wahnsinn ruinirt*[132], gilt Wagners Rede vom *blutig schweren Werk* vor allem der kompositorischen Arbeit am *Ring*, die ihn über zwanzig Jahre hinweg beschäftigen wird. Doch zunächst muss sich der gescheiterte Revolutionär ideologisch neu positionieren, denn noch immer gilt: *Keiner kann dichten, ohne zu politisiren. [...] Wer sich jetzt noch unter der Politik hinwegstiehlt, belügt sich nur um sein eigenes Dasein. Der Dichter kann nicht eher wieder vorhanden sein, als bis wir keine Politik mehr haben.*[133] Natürlich geht es nicht um Tagespolitik, sondern das Aufsuchen des großen Ganzen, das Wagner aus den Ursprungsmythen der Menschheit in die eigene Zukunft zu transportieren sucht.

Den Reigen seiner kunsttheoretischen Schriften eröffnet er im Sommer 1849 mit *Die Kunst und die Revolution*. Weil die Kunst ein *sociales Product* und als solches unersetzbar ist[134], darf das Motto der rasch vergriffenen Erstausgabe lauten: *Wo einst die Kunst schwieg, begann die Staatsweisheit und Philosophie; wo jetzt der Staatsweise und Philosoph wieder am Ende ist, da fängt wieder der Künstler an.*[135] Gemeinsames Ziel von Kunst und sozialer Bewegung *ist der starke und schöne Mensch: die Revolution gebe ihm die Stärke, die Kunst die Schönheit*[136]. Leitbilder sind *Jesus, der für die Menscheit litt, und Apollon, der sie zu ihrer freudenvollen Würde erhob*[137]. Die Berufung auf Jesus bedeutet keine Rückkehr zum traditionellen Christentum, vielmehr immanente Kritik an der Kirche als einer Institution, die über Jahrtausende hinweg den Menschen geknechtet und an seiner freien Entfaltung gehindert hat.

Im Fragment *Das Künstlertum der Zukunft* bekennt sich Wagner sodann zur *neuen, kommunistischen Weltordnung*, die allen *Egoismus* aufheben werde.[138] Die wahre revolutionäre Kraft wird freilich nicht von Intellekt und Bewusstsein gesteuert, sondern von jener *unbewußten Tätigkeit*, welche der *natürlichen Notwendigkeit* entspringt. Ihren sinnlichen Ausdruck hat sie in Kunstwerken, die das wahre Bild von der Verfassung der Welt geben. Dem Künstler obliegt, *das Unbewußte in dem Volksprodukte zum Bewußtsein* zu erheben.[139]

Das *Kunstwerk der Zukunft* wird in der gleichnamigen Schrift vom November 1849 zum Thema. Diese ist dem Saint-Simonismus verpflichtet und Feuerbach gewidmet: Es ist Zeit für ein Ende der modernen Industriegesellschaft, *die den Menschen tötet, um ihn als Maschine zu verwenden*. Gegenüber dem Trend zur Marginalisierung und Entfremdung des Menschen verfolgt Wagner die Idee vom *künstlerischen Gesammtwerk*, das die *Totalität der Natur* spiegelt und *alle Gattungen der Kunst zu umfassen hat*.[140] Als Vereinigung von Tanz, Dicht- und Tonkunst ist es nur als *musikalisches Drama* zu realisieren.

Von dem Optimismus einer Pariser Arbeiterversammlung beeindruckt, wendet sich Wagner im Frühjahr 1850 dem Prosaentwurf einer *Heldenoper* zu. Ihr Titelheld, *Wieland der Schmied*, wird gefangen gehalten und von seinem Peiniger gezwungen, Schwerter und Geschmeide zu schmieden. Selbst gefertigte Flügel, das *Werk seiner Kunst*, lassen ihn schließlich über seinen Unterdrücker triumphieren. Doch nicht zu diesem optimistischen Sujet greift Wagner, als er den Kopf fürs Komponieren wieder frei zu haben glaubt, sondern zu *Sieg-*

*frieds Tod* – der anderen, schon seit Dresden zur Vertonung anstehenden Heldenoper. In seiner Exilsituation gibt er sich freilich keinen Illusionen darüber hin, dass ein solches *Kunstwerk der Zukunft* ins Repertoire normaler Bühnen passe: *Ist alles in gehöriger Ordnung, so lasse ich dann unter diesen umständen drei Aufführungen des Siegfried in einer woche stattfinden: nach der dritten wird das theater eingerissen und meine partitur verbrannt. Den leuten, denen die sache gefallen hat, sage ich dann: ‹nun macht's auch so!›*[141] Was wird, so darf man an dieser Stelle vorausschauend fragen, von Wagners damaliger Vorstellung, sein Theater habe *allen Contact mit unserem modernen Bühnenwesen* zu meiden[142], in Bayreuth Bestand haben?

Dass die im Sommer 1850 begonnene musikalische Ausführung von *Siegfrieds Tod* schon bald ins Stocken gerät, ist musikdramaturgisch begründet: Wagner hat bei der Gesamtkonzeption zu sehr ans Sprechtheater gedacht. Dort mag es angehen, der Handlung einen Prolog voranzustellen, in dem die drei Nornen in langen Passagen über Vorgeschichte und Verfassung der Welt raunen. Doch liegt damit ein dramatisch packender, textlich verständlicher und musikalisch würdiger Beginn einer Heldenoper vor? Um sich über solch drängende Fragen grundsätzlich klar zu werden, ergreift Wagner noch einmal die Feder des Denkers und schreibt in der zweiten Hälfte des Jahres 1850 *Oper und Drama* – die bedeutendste Kunstschrift, die je ein Komponist zustande gebracht hat, und mit Eduard Hanslicks Gegenentwurf «Vom Musikalisch-Schönen» durchaus auf eine Stufe zu stellen.

Das neue musikalische Drama gründet im Mythos, von dem Wagner sagt, *daß er jederzeit wahr, und sein Inhalt, bei dichtester Gedrängtheit, für alle Zeiten unerschöpflich ist. Die Aufgabe des Dichters war es nur, ihn zu deuten.*[143] In der Moderne ist der Mythos neu zu *erfinden* und getreu dem *immer gegenwärtigen Leben im Drama zur verständlichsten Darstellung zu bringen*[144]. Das aber geht nicht ohne die Musik; deren *Organismus* ist *ein weiblicher, das heißt gebärender, nicht aber zeugender.*[145] Doch nur über das Medium der Musik kann der Mythos an das Gefühl vermittelt werden und damit überhaupt ins Leben treten; und dass dieser

Vorgang einer schweren Geburt gleicht, lassen die Anstrengungen erahnen, die Wagner sich als Komponist auferlegt, während er es als Dichter und zeugender Vater leichter hat.

Viele Passagen aus *Oper und Drama* skizzieren schon konkret Kompositionsverfahren seiner künftigen musikalischen Dramen: Wagner erläutert die unterschiedlichen Funktionen von Gesang und *Orchestermelodie*, spricht von Motiven der *Ahnung* und *Erinnerung* und bestimmt die *dichterisch-musikalische Periode* als formalen Baustein des gesamten kompositorischen *Gewebes*.[46] Danach ist endlich der Weg frei für die gewaltige Aufgabe, *Siegfrieds Tod* zu einem vierteiligen musikalischen Drama mit dem Titel *Der Ring des Nibelungen* zu erweitern. Bereits die neue Benennung ist Programm: An die Stelle des Helden Siegfried tritt der Antiheld Alberich – oder genauer: Alberichs Ring als Symbol jener verderblichen Machtverhältnisse, an denen die Menschheit zugrunde geht.

Indem der *Ring* das *wahre Bild von der Verfassung der Welt* zeigt, soll er Erschütterung auslösen, jedoch keine Heilsversprechen geben. Zwar gibt es am Ende der *Götterdämmerung* in Gestalt der so genannten Erlösungsmelodie einen Hoffnungsschimmer, doch letztlich endet der *Ring* im Weltenbrand: notwendige Voraussetzung für jedweden Neuanfang. Wagner inszeniert – für sich, für uns – den Untergang; freundlicher lässt sich das nicht formulieren. Natürlich gibt es im *Ring* viel Helles oder wenigstens Ermutigendes: die Naturschönheit von Strom und Wald, die Arglosigkeit der Rheintöchter, die bedenkenlose Liebe von Siegmund und Sieglinde, den Mut Siegfrieds, welcher *den Menschen in der natürlichsten, heitersten Fülle seiner sinnlich belebten Kundgebung* vorstellt[147], und die Liebesfähigkeit Brünnhildes. Und doch: Wagner stellt dies alles vor, um es alsbald in ein fahles Licht zu rücken und schließlich scheitern zu lassen.

Die Quellen für das große Unternehmen, das seit dem Herbst 1852 seinen endgültigen Titel trägt, hat er bereits in Dresden studiert. Noch lange danach weiß er zehn einschlägige Bücher aus dem Gedächtnis zu nennen – wissenschaftliche Abhandlungen und populäre Sagenbücher. Neben dem eigentlichen, damals hochaktuellen und viel behandelten Nibelungen-Stoff haben ihn damals altnordische Sagen gefesselt, speziell die «Edda». Aus alledem einen zusammenhängenden und modernem Denken standhaltenden Mythos geschaffen zu haben, ist seine eigene Leistung.

Im Frühsommer 1851 schickt Wagner der Dichtung *Siegfrieds Tod* den *Jungen Siegfried* voraus. Dadurch wird ein Teil der bisher nur erzählten Vorgeschichte in Bühnenhandlung überführt. Während er über die Vertonung nachdenkt und schon *einige plastische Motive, wie den Fafner* im Kopf hat [148], beschließt er, noch radikaler vorzugehen, das heißt konzeptionell, textlich und musikalisch von den Anfängen der Welt her zu denken. Im Verlauf einer langen Wasserkur – *kein Wein, kein Bier, keinen Kaffee,* – sondern nur: *Wasser und kalte Milch. Keine Suppe, sondern alles kühl oder lau. Früh im Bett 3 bis 4 Gläser kaltes Wasser, dann Abwaschung und kaltes Klystir* – fasst er bei *leichtem Unterleib* und womöglich noch *leichterem Kopf* den hybriden Plan, *3 Dramen und ein großes Vorspiel* zu schreiben.[149] Tatsächlich entstehen im Verlauf des Jahres 1852 die Dichtungen zu *Rheingold* und *Walküre*; und im Februar darauf kann Wagner im Zürcher Hotel «Baur au lac» einem Kreis geladener oder von sich aus erschienener Gäste an vier Abenden die ganze *Ring*-Dichtung vorlesen.

> Scheiße! Scheiße! Scheiße! Bepä! Kacke! Seege! Schmiere! Schmiere! Jux! Dreck! Dreck! Dreck! Dieses zusammengenommen, gehörig geschüttelt und untereinandergerührt, täglich drei flaschen eingenommen, in Wuth, Ekel und Aerger wieder ausgespieen, dann das ausgespiene wiedereinnehmen und ausspeien, – so wird man allmählig genesen und eine Lebensweise führen, wie ich sie führe! –
>
> Wagner am 12. September 1852 an Theodor Uhlig über die Qualen einer Gesundheitskur. Drei Tage später beginnt er mit der Urschrift der «Rheingold»-Dichtung. Sämtliche Briefe Bd. 4, S. 476

Ende 1853 wagt er sich an die Vertonung. Den entscheidenden Impuls für die Konzeption des *Rheingold*-Vorspiels will er in einem *somnambulen Zustand* nach anstrengender Wanderung in der Hügellandschaft von La Spezia empfangen haben.[150] Das hat insoweit innere Wahrheit, als Wagner die generelle These verfochten hat, zum Vorgang des Komponierens gehöre ein *wahnsinniger somnambuler Zustand*[151]. Ein nur mit traditioneller Opernerfahrung gefüttertes Künstler-Ich hätte es wohl nicht gewagt, den *Ring*-Zyklus mit einem Vorspiel zu eröffnen, welches das Fließen des Rheins 136 Takte lang mit Hilfe ein und desselben Akkords darstellt! So fällt die Aufgabe an das Es – ein Es ebenso der Tiefenpsychologie wie der Musiklehre.

Der Anfang des *Rings* ist nicht nur *das Wiegenlied der Welt*, wie Wagner zur Zeit der Erstaufführung bemerkte[152], sondern – wie die ganze Tetralogie – ein «Kunstwerk aus dem Angstschrei»[153]: Aus dem Traum von Ohnmacht erwacht, sammelt sich der Komponist zu einem ersten integrierenden Akt – der Gestaltung eines Es-Dur-Akkords. Dass er mehr noch nicht ‹weiß›, gilt nicht nur metaphorisch, sondern geradezu wörtlich: Mit atemberaubendem Mut lässt Wagner die Gesetze traditionellen Komponierens hinter sich, um die Musik ganz aus dem Mythos herauswachsen zu lassen. Der aber gibt seine Macht zunehmend an die Musik ab, die damit zum Mythos ohne Worte wird.

*Das Rheingold ist fertig – aber auch ich bin fertig!!! […] Glaub' mir, so ist noch nie componirt worden: ich denke mir, meine Musik ist furchtbar; es ist ein pfuhl von Schrecknissen und Hoheiten!*[154] So berichtet Wagner seinem Freund Liszt am 15. Januar 1854. Auch andere erfahren alsbald von der Fertigstellung der so genannten Kompositionsskizze; denn wenn eine Teilstrecke des großen Unternehmens geschafft ist, sollen dies alle wissen. Gleichwohl ist Wagners Stimmung gedrückt. Hatte er während des Komponierens im Gedanken an Mathilde Wesendonck gejubelt: *alles wallt und musizirt in mir. Das ist – oh, ich liebe!*[155], so heißt es nun: *Keines meiner letzten Lebensjahre ist an mir vorübergegangen, ohne daß ich nicht einmal darin am äußersten Ende des Entschlusses gestanden hätte, meinem Leben ein Ende zu machen.*

Der Schaffensrausch, welcher den Alltag vergessen lässt, ist eben doch nur *Nothbehelf.* Nun quälen wieder schlimme Geldsorgen und die Vorstellung, wegen der *vorschnellen Heirath*

**Eine Seite aus dem Gesamtentwurf «Walküre» mit der Chiffre: «I. l. d. gr.!!» (Ich liebe dich grenzenlos)**

*im 23sten Jahre mit einer achtungswerthen, aber mir ganz unangehörigen Frau* die neue Liebe nicht leben zu können.[156] Kurzfristig möchte Wagner von Hans von Bülow wissen, was Jessie Laussot treibt[157], um danach wieder in den *Ring* einzutauchen und damit das Einzige zu tun, was seinem Leben jetzt Sinn gibt. Mathilde Wesendoncks *goldene Feder – von unverwüstlicher Schreibkraft –* hilft mit[158], die Instrumentation des *Rheingold* ins Reine zu schreiben und zugleich den Gesamtentwurf der *Walküre* in Angriff zu nehmen. Dieser ist fast durchgängig auf drei Notensystemen notiert und weist als Besonderheit zahlreiche verschlüsselte Eintragungen auf – zum Beispiel: *I. l. d. gr.!!*, was wohl als «Ich liebe dich grenzenlos» zu lesen ist.[159] Allerdings versiegen diese Chiffren gegen Ende des 1. Akts. Danach scheint Wagner die Gleichsetzung des Paares Siegmund-Sieglinde mit Richard-Mathilde aufgegeben und sich stattdessen mit dem resignierenden Wotan identifiziert zu haben.

Man sollte nicht krampfhaft versuchen, aktuelle Lebensgefühle in gleichzeitig entstandene Kompositionen einzutragen, auch wenn das im Fall der *Walküre* gut gelingt: Die Aufbruchstimmung des 1. Akts – *Winterstürme wichen dem Wonnemond* – entspricht Wagners Liebeserwartungen; das Leiden in den nachfolgenden Akten der eigenen Verdüsterung. Indessen sind solche Koinzidenzen nicht zufällig, vielmehr ein Hinweis auf Gemeinsamkeiten im Lebens- und Schaffenskonzept: Die eine Urszene bildet sich in der anderen ab. Das geschieht nicht immer synchron, jedoch im Zeichen der übergeordneten «Wahrheit», wonach sich niemand dem negativen Sog des Lebens entziehen könne. Wer würde dem mehr beipflichten als Schopenhauer, dessen Gedankenwelt Wagner durch Freund Herwegh ausgerechnet während der Arbeit am zweiten *Walküren*-Akt kennen lernt und alsbald Liszt vorstellt: *Beachten wir die Welt nicht anders, als durch Verachtung; nur diese gebührt ihr: Aber keine Hoffnung, keine Täuschung für unser Herz auf sie gesetzt. [...] Sie gehört Alberich: Niemand anders!! Fort mit ihr!*[160] Und auch das erfährt der Freund über den *grössten Philosophen seit Kant*: *Sein Hauptgedanke, die endliche Verneinung des Willens zum Leben, ist von furchtbarem Ernste, aber einzig erlösend.*[161]

Dass Wagner seinen Schopenhauer künftig wie die Bibel zur Hand nehmen und mit Cosima noch an Bayreuther Lektüreabenden studieren wird, hat seinen Grund: Hier findet er die tröstliche Bestätigung, dass sein existenzielles Leiden kein bloß individuelles ist, denn es gibt kein Leben ohne Leiden. Auch braucht er sich nicht mehr fahnenflüchtig zu fühlen, wo er in seinen Musikdramen Weltverzicht propagiert. Da muss auch der Schluss der *Ring*-Dichtung noch einmal auf den Prüfstand – vor allem jene Stelle, wo Brünnhilde *auf die einzig beseligende Liebe verweist, ohne (leider!) eigentlich mit dieser «Liebe» selbst ins Reine zu kommen, die wir, im Verlaufe des Mythos, eigentlich doch als recht gründlich verheerend auftreten sahen.*[162]

Von der damals gerade einsetzenden Buddhismus-Forschung animiert, schreibt Wagner einen den *herrlichen Lehren Buddha's* verpflichteten Dramenentwurf *Die Sieger* WWV 89[163],

### SIEGFRIED'S TOD. 159

*Rufe:* Zurück vom Ringe! *fich in die Fluth.* WOGLINDE *und* WELLGUNDE *umfchlingen mit ihren Armen feinen Nacken, und ziehen ihn fo zurückfchwimmend mit fich in die Tiefe:* FLOSSHILDE, *ihnen voran, hält jubelnd den gewonnenen Ring in die Höhe. — Am Himmel bricht zugleich von fern her eine, dem Nordlicht ähnliche, röthliche Gluth aus, die fich immer weiter und ftärker verbreitet. — Die Männer und Frauen fchauen in fprachlofer Erfchütterung dem Vorgange und der Erfcheinung zu.*

*Der Vorhang fällt.*

∞∞∞○⊱⊰○∞∞∞

### ENDE.

1853 veranstaltete Wagner von der Dichtung des «Rings» einen Privatdruck in 50 Exemplaren. In den Jahren 1871/72, während der Arbeit an der «Götterdämmerung», schrieb er auf der Schlussseite seines Handexemplars eine Variante der Schlussstrophe nieder, die auf seine Beschäftigung mit dem Buddhismus im Jahr 1856 zurückging, letztlich aber doch unberücksichtigt blieb.
In Zeile 13 liest man das Wort «Wiedergeburt».

welcher Erlösung nicht d u r c h Liebe, sondern v o n ihr empfiehlt. Wagner wird das Sujet zwar bis zuletzt im Auge haben, aber nie ausführen. Hingegen wendet er sich noch einmal der fünfzehn Jahre alten *Faust-Ouvertüre* WWV 59 zu. Entgegen den einstigen Pariser Plänen wird sie nicht durch einen auf Gretchen anspielenden Satz weitergeführt, sondern abgeschlossen und mit dem Motto nach Goethes «Faust» versehen: «… und so ist mir das Dasein eine Last, der Tod erwünscht, das Leben mir verhasst».

Aufhorchen lässt eine Äußerung gegenüber Liszt vom Dezember 1854: *Da ich nun aber doch im Leben nie das eigentliche Glück der Liebe genossen habe, so will ich diesem schönsten aller Träume noch ein Denkmal setzen, in dem vom Anfang bis zum Ende diese Liebe sich einmal so recht sättigen soll: ich habe im Kopfe einen Tristan und Isolde entworfen, die einfachste, aber vollblütigste musikalische Conception; mit der «schwarzen Flagge», die am Ende weht, will ich mich dann zudecken um – zu sterben.*[164] Bereits im Winterhalbjahr 1855/56 wird die Handlung *bestimmter konzipiert*[165], obwohl vor allem die Instrumentierung der *Walküre* auf der Tagesordnung steht.

Wagner ist der doppelten Belastung kaum gewachsen: Dreizehnmal erlebt er quälende Schübe von Gesichtsrose; und als das Ehepaar Wesendonck im März 1856 zur Fertigstellung der *Walküre* gratulieren will, erlebt es einen völlig überreizten und ungenießbaren Künstler. *Wenn ich so etwas fertig habe*, gesteht Wagner dem Freund Theodor Uhlig, *ist es mir immer, als hätte ich eine ungeheure Angst aus dem Leibe geschwitzt, eine Angst, die immer gegen Ende der Arbeit wächst. [...] Meine Chiffre mit dem Datum schreibe ich immer mit wahrer Hast herunter, als ob der Teufel hinter mir stände, und mich vom fertigwerden abhalten wollte.*[166] Vom *Tannhäuser* bis zum *Parsifal* verfolgt ihn die Angst, vor dem Ende zu sterben.

Man versteht, dass er die Arbeit an der *Walküre* nicht wegen einer Konzertreise hatte unterbrechen wollen. Ohnehin scheint das Honorar von 200 Pfund, welches ihm die Alte Philharmonische Gesellschaft in London für die Leitung von acht Konzerten von März bis Juni 1854 versprochen hat, den

Aufwand nicht zu lohnen. Indessen drängen ihn die Freunde, Schulden zu tilgen und Ansehen zu mehren. Und vielleicht kann er ja das englische Königshaus für eine Aufführung des *Lohengrin* gewinnen, den er sehnlichst zu hören wünscht.

Während das Londoner Publikum mit positiver Neugier reagiert, äußert sich die Presse überwiegend feindselig: Vielleicht spürt sie Wagners Widerwillen gegen *Modesachen*[167], die er gleichwohl immer wieder dirigieren muss. Er fühlt sich *verkauft*, will kein *leeres Stroh dreschen*[168], sondern möglichst viele Werke der deutschen Klassik unterbringen. Auch Mendelssohn Bartholdys «Hebriden-Ouvertüre» ist willkommen, und schon gar die eigene *Tannhäuser*-Ouvertüre. Dass Queen Victoria den in Deutschland immer noch Geächteten während der Pause des siebten Konzerts empfängt und damit das Ihre zum triumphalen Erfolg des Schlusskonzerts beiträgt, vermag ihn nur obenhin zu besänftigen. Ohnehin denkt er vor allem an sein Werk; und das ist die *Walküre*, für die er nach der Rückkehr zu seinem Schrecken erst einmal *alles Gedächtnis verloren* hat.[169]

Doch schließlich, im März 1856, ist sie fertig und *furchtbar schön ausgefallen*[170]. Wagner tritt eine lange Wasserheilkur an, lässt sich definitiv von seiner Gesichtsrose heilen und beginnt danach mit der Komposition des *Siegfried*, wie der *junge Siegfried* nunmehr heißt, während aus *Siegfrieds Tod* die *Götterdämmerung* wird. Kaum zeitversetzt arbeitet er an erstem Gesamtentwurf, zweitem Gesamtentwurf und Partitur: Offenbar möchte er sicherstellen, dass wenigstens Teile des *Siegfried* fertig werden, bevor Tristan und Isolde ihr Recht fordern. Immerhin liegt der 1. Akt des *Siegfried* in Partitur, der 2. im Gesamtentwurf vor, als er im August 1857 definitiv an *Tristan* geht.

Vorausgegangen ist die Weigerung des Verlags Breitkopf & Härtel, die *Ring*-Tetralogie zu übernehmen. *Was ist der Gegensatz von «Breitkopf & Härtel?»*, fragt Wagner in diesen Jahren Hans von Bülow und gibt selbst die Antwort: «*Schmalhals und Weich*».[171] Doch das ist ungerecht: Der Verleger ist nicht abgeneigt, sondern sucht lediglich nach Kompromissen angesichts der beachtlichen, jedoch keineswegs unmäßigen Honorarforderung von 10 000 Talern in Gold. Wagner mag weder kämpfen noch nachgeben, hat vorerst keine Kraft zur Weiterführung seines Hauptwerks und denkt sich stattdessen *Tristan und Isolde* als eine Oper des schnellen Erfolgs. Vielleicht könnte er sogar eine italienische Version herstellen und damit eine Nachfrage des kaiserlichen Theaters in Rio de Janeiro befriedigen! Jedenfalls: *Geld! Geld! – Gleichviel, wie und woher. Der Tristan zahlt Alles wieder!*[172] Der allzeit vornehme Liszt reagiert auf diese wieder einmal ihm geltende Forderung verletzt: Da seine eigenen neuen Werke «nicht als Bank-Actien gelten können»[173], erscheint es ihm sinnlos, sie Wagner zuzusenden.

Bei dem geht es freilich um mehr als um Geld. Im *Tristan* will er, wie wir hörten, der Liebe als dem schönsten aller Träume ein Abschiedsfest bereiten: Besser sie in der Kunst unsterblich zu machen, als sich im Leben mit ihr zu quälen! Ist das neue Werk wirklich aus dem Geist Schopenhauers konzipiert, der ja von der *zwischen Mann und Weib keimenden Geschlechtsliebe* wenig hält, während Wagner ihre Erfüllung als möglichen *Heilsweg zur vollkommenen Beruhigung des Willens* ansieht?[174] Ein Brief, in dem Wagner dem Philosophen seine eigene Lesart der «Metaphysik der Geschlechterliebe» auseinander setzen will, bleibt Konzept, doch die *Tristan*-Musik spricht für sich: Trotz Aufregung, Erschöpfung und Krankheit geht Wagner völlig in der Darstellung der «Geschlechterliebe» auf: *Ich bin immer noch im zweiten Akte. Aber – was wird das für eine Musik! Ich könnte mein ganzes Leben nur noch an dieser Musik arbeiten. Sie wird tief und schön; und die erhabensten Wunder fügen sich so geschmeidig dem Sinn. [...] Ich lebe ewig in ihr.*[175]

Nach eigener Vorstellung existiert er tatsächlich vor allem in seinen Dramen. Ist der Versuch, den Willen durch erfüllte Liebe zu beruhigen, im realen Leben gescheitert, so gelingt er vielleicht in der von Schopenhauer anempfohlenen «ästhetischen Kontemplation»[176]! Von einer kontemplativen *Tristan*-Musik darf man immerhin insofern sprechen, als der Komponist alles *Schroffe und Jähe* meidet und stattdessen die *Kunst des Ueberganges* kreiert. Ist deren Höhepunkt auch die Begegnung der Liebenden im 2. Akt, so betont Wagner doch zu Recht: *Mein ganzes Kunstgewebe besteht aus solchen Uebergängen.*[177]

Man ahnt die Erleichterung, mit der er den *Ring* beiseite gelegt hat, um sich einer schlichten *Handlung* – so nennt Wagner sein musikalisches Drama von Liebeszauber und Liebestod – zuzuwenden. Nötigt ihn die verzweigte und vielschichtige Handlung des *Rings* dazu, *sehr oft den musikalischen Ausdruck einzuengen*, so ist *Tristan und Isolde gleichsam nur eine Liebesscene* und damit wie geschaffen, sich *musikalisch auszurasen.*[178] In einer Erläuterung zu Vorspiel und Schluss skizziert Wagner den Gang der Gefühle *von der schüchternsten Klage des unstillbarsten Verlangens, vom zartesten Erbeben bis zum furchtbarsten Ausbruch des Bekenntnisses hoffnungsloser Liebe*, aber auch den Ausweg: *Was das Schicksal für das Leben trennte, lebt nun verklärt im Tode auf; die Pforte der Vereinigung ist geöffnet.*[179]

Ohne Mathilde Wesendonck als inspirierende Muse hätte Wagner *Tristan und Isolde* in der vorliegenden Gestalt nicht komponiert; deshalb soll die Darstellung der biographischen Ereignisse während der *Tristan*-Zeit in ihrem Zeichen stehen. Sie stammt wie ihr Mann aus dem Rheinland, ist mit ihm 1851 nach Zürich gezogen und wird im Lauf der Jahre fünf Kinder zur Welt bringen, von denen zwei früh sterben. Als Dreiundzwanzigjährige begeistert sie sich Anfang 1852 für Wagner als Beethoven-Dirigenten und Komponisten der *Tannhäuser*-Ouvertüre: «Niemals vergesse ich den Eindruck der ersten Probe [...] im dunklen Saal des alten Kaufhauses in Zürich. Es war ein Taumel des Glücks, eine Offenbarung.»[180]

Zwischen den Ehepaaren entwickelt sich nach und nach ein gesellschaftlicher Verkehr: Die Wesendoncks laden zu kleinen Unternehmungen ein, an denen außer Richard Wagner des Öfteren auch Minna teilnimmt. Bis zu Wagners schwärmerischen Chiffren im Kompositionsentwurf der *Walküre* dauert es zwei Jahre; und drei weitere vergehen, bis Otto Wesendonck dem Ehepaar Wagner für wenig Geld ein hübsches Gartenhaus vermietet. Es ist dem Grundstück benachbart, auf dem der Hausherr sich selbst gerade eine große Villa mit Blick auf den Zürichsee errichtet. Minna ist misstrauisch, gleichwohl glücklich, als sie mit Richard, Tochter Natalie und Magd Therese im April 1857 dort einziehen kann.

Neben der Villa Wesendonck nimmt sich das Wagner'sche Gartenhaus am rechten Bildrand recht bescheiden aus.

Bald gehören Besuche von hüben nach drüben zum Alltag. Wagner führt seinerseits ein offenes Haus, in dem sich auch Gottfried Keller blicken lässt. Als Hans und Cosima von Bülow während ihrer Hochzeitsreise hereinschauen, können Ehefrau, Muse und künftige Ehefrau gemeinsam einem Wagner lauschen, der «unendlich viel und unruhig» spricht und «vom Hundertsten ins Tausende» gerät, wie sein aus dem «Faust» rezitierender Gast Eduard Devrient notiert.[181]

Die Dichtung zu *Tristan und Isolde* stammt aus dem Herbst 1857. Wie immer ist der Niederschrift einschlägige Lektüre – vor allem die des «Tristan»-Epos von Gottfried von Straßburg – vorausgegangen; indessen gelingt Wagner die Konzentration der Handlung so meisterlich, dass alles Mittelalterliche vollkommen zurücktritt. Am 1. Oktober beginnt Wagner mit der Komposition; gleichzeitig vertont er einige Gedichte von

Mathilde Wesendonck. Gemälde von Carl Ferdinand Sohn, 1850

Mathilde Wesendonck – die vor allem in der Orchesterfassung Felix Mottls bekannten *Wesendonck-Lieder* WWV 91.

Das Verhältnis beider hat inzwischen solche Dynamik entwickelt, dass Wagner im Januar 1858 zur Vermeidung größerer Konflikte vorübergehend nach Paris ausweicht. Indessen bleibt die Form gewahrt, soweit es sie zu wahren gilt: So dirigiert Wagner nach seiner Rückkehr aus Frankreich anlässlich des 43. Geburtstags von Otto Wesendonck ein Hauskonzert mit zehn Einzelsätzen aus Beethoven'schen Sinfonien.

Das Unglück bricht herein, als Minna kurz nach Vollendung des 1. *Tristan*-Akts im April 1858 ein intimer Brief Richards an Mathilde in die Hände gerät. Ihr Herzleiden verstärkt sich und wird während des anschließenden Kuraufenthalts zeitweilig als lebensbedrohend eingeschätzt. Der 17. August bringt das Ende: Den Widersprüchen augenscheinlich nicht länger gewachsen, verlässt Wagner zur Verzweiflung Minnas das *Asyl* auf dem grünen Hügel mit Blick auf See und Alpen[182], um sich in Richtung Venedig aufzumachen. Minna kehrt nach Dresden zurück.

Wagner macht sich keinen anderen Vorwurf als den, *von je es unterlassen zu haben*, sie *von der Reinheit* seiner *Beziehungen* zu Frau Wesendonck zu überzeugen.[183] Da die Korrespondenz zwischen ihm und Mathilde Wesendonck nur bruchstückhaft erhalten ist, müssen und können intime Fragen unbeantwortet bleiben. Eines ist immerhin deutlich: Gemeinsam mit dem Zeitgenossen Verdi reklamiert Wagner – wie schon im Fall Jessie Laussots – das seit der Antike verbriefte und über viele Jahrhunderte hinweg immer wieder in Anspruch genommene Recht des Genies auf Ehefrau und Muse. In Cosima wird er beide in einer Person akzeptieren – nicht zuletzt deshalb, weil er inzwischen genug gebeutelt und dementsprechend kompromissbereit geworden ist.

In den hohen, für ihn rot und grün ausgeschlagenen Sälen des Palazzo Giustiniani am Canal Grande findet Wagner Trost und Inspiration bei seinem geliebten Erard-Flügel, den ein Pferdegespann über den Gotthard geschleppt hat. Lange Briefe, Gnadengesuche und Eintragungen in ein für Mathilde Wesendonck bestimmtes Tagebuch dienen der eigenen Vergewisserung. Gleichwohl verfolgen ihn Krankheiten, Einsamkeitsgefühle und nicht zuletzt Beamte der politischen Polizei. Auf Empfehlung aus Wien wird schließlich sogar die Ausweisung ausgesprochen; derweilen spielen auf dem Markusplatz Kapellen der k. u. k. Regimenter *Rienzi*- und *Tannhäuser*-Ouvertüre nach persönlicher Instruktion des Komponisten.

Der ist bei allem Auf und Ab nicht unterzukriegen und vollendet im März 1859 den 2. Akt des *Tristan*, um danach in die Schweiz zurückzukehren. Dort steht ihm das Haus der Wesendoncks zumindest für sporadische Besuche weiterhin offen; das Jahrhundertwerk *Tristan und Isolde* wird jedoch ganz profan im Luzerner «Hotel Schweizerhof» vollendet. Die von Marcel Proust so bewunderte Hirtenweise des 3. Akts ist Wagner erst spät eingefallen – bei einer Wanderung auf den Rigi: Natur, Sehnsucht, Einsamkeit, Leiden sind in wenige Töne gebannt, die gleichwohl die ganze erste Szene bestimmen. Insgesamt hat er für Dichtung und Musik des *Tristan* weniger als zwei Jahre gebraucht!

Otto Wesendonck ist bereit, anstelle von Breitkopf & Härtel die Eigentumsrechte am *Ring* zu kaufen, sodass Wagner genug finanziellen Spielraum hat, um im September 1859 zu seinem letzten längeren Paris-Aufenthalt aufzubrechen. Nach ausgiebigen brieflichen Diskussionen ist Minna bereit, von Dresden aus nachzukommen. Für etwa eineinhalb Jahre leben die Ehegatten nun wieder zusammen, und dies meistenteils in Paris: Solange seine Amnestierung auf sich warten lässt, sieht sich Wagner dort noch am besten aufgehoben. Nach Zürich wäre Minna sicherlich nicht zurückgekehrt; doch ohnehin prallen alle künftigen Versuche Wagners, Mathilde weiterhin als persönliche Muse zu reklamieren, an der Tendenz des Ehepaares Wesendonck ab, Freundschaft anzubieten und zugleich Distanz zu halten. Zumindest de facto hat Wagner in Otto Wesendonck seinen Meister gefunden – wie Tristan in Marke und Sachs in Stolzing.

In Paris fasst Wagner alsbald den hochfahrenden Plan einer deutschen Opernsaison mit *Tannhäuser*, *Lohengrin* und *Tristan*. Die beiden letztgenannten Werke will er vor allem selbst hören – kein guter Ausgangspunkt für eine vorurteilsfreie Abwägung der finanziellen Risiken. Drei Konzerte mit Teilen aus *Holländer*, *Tannhäuser*, *Lohengrin* und *Tristan*, die Anfang 1860 im italienischen Theater stattfinden, sollen der Vorbereitung dienen, enden jedoch mit einem Defizit. Zu allem Überdruss ist Wagner dem Spott Jacques Offenbachs ausgesetzt: Dieser komponiert innerhalb einer Karnevalsrevue die Nummer «Le Musicien de l'avenir». Sie spielt im Elysium, konfrontiert Wagner zu seinen Ungunsten mit Grétry, Weber, Mozart, Gluck und ist so erfolgreich, dass Kaiser Napoleon III. sie nach einer Sondervorstellung von Offenbachs «Orpheus in der Unterwelt» als Zugabe wünscht.

Gleichwohl hat der deutsche «Zukunftsmusiker», wie er inzwischen auch in Frankreich genannt wird, durchaus Erfolg. Das Jahr 1860 markiert den Beginn des «Wagnérisme» im Sinn einer synästhetischen Rezeption der «Décadence»: «Wenn man diese glühenddespotische Musik hört, scheint es zuweilen, als begegne man wieder – auf dunklem, von der Träumerei aufgerisse-

Mit Niccolò Paganini, dessen «Dämonium» Wagner noch in seiner Bayreuther Zeit vor Augen stand, teilt er den Willen, die Erfahrung von Musik jenseits aller Metaphysik materiell werden zu lassen – geradezu als Kette von Stimulanzien. Wenn man Wagner – wie in dieser Karikatur aus der Pariser «Tannhäuser»-Zeit – vorhält, er malträtiere die Ohren, so zielt dies nicht auf Lautstärke oder Üppigkeit des Klangs, sondern auf solche Direktheit. Während die Zeitschrift «Die Grenzboten» das um 1850 als volksnahen «Materialismus» rühmte, zeigte sich Theodor W. Adorno hundert Jahre später in seinem «Versuch über Wagner» von einem «Element des Unsublimierten» beleidigt. Paganini im Gemälde von Georg Friedrich Kersting, nach 1830, Wagner in einer Karikatur von Gill aus «L' Éclipse» 65, 18. April 1869

nem Grund gemalt – den schwindelnden Entwürfen des Opiums»[184], heißt es bei Baudelaire. Zugleich wächst die Schar der ganz ‹normalen› Wagner-Liebhaber: Allein im Jahr 1868 wird Jules-Étienne Pasdeloup, Dirigent der erfolgreichen «Concerts populaires», zehn Konzerte mit Ausschnitten aus Wagner-Opern leiten.

Selbst der Skandal, den die Inszenierung des *Tannhäuser* an der großen Oper im März 1861 auslöst, ist nicht mit einem Fiasko gleichzusetzen. Glaubt man dem damals in Paris weilenden Opernkomponisten Heinrich Marschner, so hätte die Schlussszene des 1. Akts entschiedenen Erfolg haben können, «wenn nicht ganz zum Schluss die Meute des jagenden Landgrafen die Stimmung verdorben hätte. Die verwünschten Köter [...] heulten alles zusammen.»[185] Auch die neue Fassung der Venusberg-Musik, obwohl sie vom Raffinement der *Tristan*-Partitur profitiert, kann das Blatt nicht wenden; denn die einflussreichen Herren des Jockey-Clubs sind von vornherein auf Streit aus. So jedenfalls sieht es seinerzeit der Komponist, um in Bayreuther Jahren selbstkritisch festzustellen, er sei *der Welt noch den Tannhäuser schuldig*[186]. In der Tat ist *Tannhäuser* ein Schwellenwerk – keine Grand opéra nach französischem Geschmack und doch nahe genug daran, um Vergleiche zu ziehen, die in puncto kompositorischer Geschmeidigkeit nicht unbedingt für den Deutschen sprechen.

Den Pariser Skandal kann dieser leicht verschmerzen, da sich ihm neuerdings wieder Perspektiven in Deutschland eröffnen: König Johann I. von Sachsen hat im Juli 1860 eine Teilamnestierung verfügt, die zwar nur für die Bundesländer außerhalb Sachsens gilt, nach einem weiteren, auf Drängen Minnas *mit grosser Bitterkeit u. Ingrimm* aufgesetzten Gesuch jedoch zwei Jahre später verallgemeinert wird.[187]

Die Folge der Stationen, die Wagner als Wanderer zwischen dem Pariser *Tannhäuser*-Skandal vom Frühjahr 1861 und dem Münchner Ludwig II.-Wunder vom Mai 1864 ansteuert, zeigt die Rastlosigkeit eines Künstlers, der den Ort, wo es *Frieden* für sein *Wähnen* geben wird, noch nicht gefunden hat: Karlsruhe, Paris, Karlsruhe, Wien, Paris, Winterthur, Zürich,

Karlsruhe, Paris, Bad Soden, Paris, Bad Soden, Frankfurt a. M., Weimar, Nürnberg, München, Bad Reichenhall, Salzburg, Wien, Venedig, Wien, Paris, Mainz, Paris, Karlsruhe, Mainz, Biebrich, Frankfurt a. M., Karlsruhe, Biebrich, Karlsruhe, Biebrich, Frankfurt a. M., Biebrich, Leipzig, Dresden, Biebrich, Nürnberg, Wien, Prag, Wien, Biebrich, Berlin, Königsberg, Petersburg, Moskau, Petersburg, Berlin, Wien, Budapest, Wien, Prag, Karlsruhe, Zürich, Mainz, Berlin, Löwenberg, Breslau, Wien, München, Mariafeld bei Zürich, Stuttgart, München.

Die Besuche in Dresden, Bad Soden und Bad Reichenhall gelten vor allem Minna, die sich nach der Auflösung des Pariser Haushalts in die Heimat zurückbegeben hat, wegen ihres Herzleidens aber zu Kuren gezwungen ist. Wagner scheint von latenten Schuldgefühlen geplagt, schreibt fürsorgliche Briefe, erlebt jedoch quälende Tage, als Minna im Februar 1862 bei ihm in Biebrich auftaucht. *Ich kann unmöglich mehr mit meiner Frau zusammenleben*, bekennt er dem Freund Peter Cornelius in seiner *Herzensnoth*.[188] Minna kehrt unverrichteter Dinge nach Dresden zurück und richtet dort pro forma eine gemeinsame Wohnung ein.

Als Wagner diese im November 1862 zum ersten und einzigen Mal aufsucht, sehen sich die Gatten zum letzten Mal; denn im Januar 1866 stirbt Minna an einem akuten Lungenödem. Dass von der Presse zuletzt Nachrichten über Wagners Liaison mit Cosima verbreitet worden sind, hat sie noch einmal heftig unter dem Unstern ihrer Ehe leiden lassen. Während ihr die Dresdner Verwandten und Freunde eine würdige Beerdigung bereiten, ist ihr Mann gerade stark mit sich selbst beschäftigt: In München zur Persona non grata geworden, irrt er auf der Suche nach einem neuen Asyl durch die Schweiz und vermisst Cosima …

Womit die Vorgeschichte von Wagners zweiter Ehe aufgerufen ist. Die 24 Jahre jüngere Cosima ist das Kind von Franz Liszt und der französischen Gräfin Marie d'Agoult – einem Paar, das der Mitwelt als Inbegriff einer künstlerisch-romantischen und damit vergänglichen Verbindung gilt. Die Tochter ist zwar den Segnungen, doch noch mehr den Spannungen der elterlichen Beziehung ausgesetzt, erfährt ihre Erziehung an vielen fremden Orten und sehnt sich deshalb konstitutionell nach Geborgenheit. «Es freute mich geliebt zu sein, und das Uebrige – daran habe ich nicht gedacht»[189], wird sie ihrer erwachsenen Tochter Daniela auf die Frage antworten, weshalb sie als Zwanzigjährige den sieben Jahre älteren Hans von Bülow geheiratet habe – Schüler Liszts und glühender Verehrer Wagners.

Bei diesem mag ein erster Funke gezündet haben, als er im Sommer des Jahres 1862, kurz nach der als endgültig erlebten Trennung von Minna, längeren Besuch von den Bülows erhält. Zwar fesseln ihn in seinem damaligen Aufenthaltsort Biebrich auf jeweils spezifische Weise die Notarstochter Mathilde Maier und die Schauspielerin Friederike Meyer; gleichwohl verblüfft er die *sehr unbefangen* reagierende Cosima nach einem Theaterabend mit dem Anerbieten, sie *in einer leer dastehenden einrädrigen Handkarre* zum Hotel zurückzufahren.[190] «Der Karren ist zum Sternenwagen für mich geworden, auf welchem er mich fährt, dahin dahin, wo die Seelenheimat ist»[191], wird Cosima 1872 in ihr Tagebuch eintragen. Das *unter Tränen und Schluchzen besiegelte Bekenntnis*, sich bei allen Hindernissen *einzig gegenseitig anzugehören*, erfolgt am 28. November 1863 bei einer Spazierfahrt in Berlin – so steht es jedenfalls in *Mein Leben*.[192]

Wagners damaliger Lebensmittelpunkt ist, sofern man einen solchen überhaupt ausmachen kann, das genannte Biebrich bei Wiesbaden. Dort bezieht er Anfang 1862 Quartier, um neu angebahnte Verbindungen zum Haus Schott pflegen zu können. Der Mainzer Verleger hat von Otto Wesendonck die Rechte am *Ring* übernommen und Vorschüsse auf die *Meistersinger von Nürnberg* versprochen: Endlich hat Wagner s e i n e n Verleger gefunden. Nicht zuletzt durch Schott motiviert, schreibt er Ende 1861 im Pariser Hotel «Voltaire» die *Meistersinger*-Dichtung nieder, um sie schon kurz darauf im Haus Schott vor geladenen Gästen zu rezitieren. Der junge Verehrer Peter Cornelius ist *trotz Wassernoth und unerhörter Reiseabenteuer* eigens aus Wien herbeigeeilt.[193] Wagner liebt es, seine

Libretti mit allen Rollen vorzutragen; in dieser Funktion tritt er mit den *Meistersingern* allein im Entstehungsjahr elfmal auf.

Eigentlich hat er sich auf das Werk zunächst nur eingelassen, um die Leere zu füllen, die er nach der Fertigstellung des *Tristan* spürt. Denn er ist nicht nur ausgebrannt, sondern auch der Überzeugung, nichts grundsätzlich Neues mehr sagen zu können. Denkbar erscheint daher nur etwas ganz anderes, nämlich Heiteres. Da ist eine Idee aus der Dresdner Zeit willkommen – damals als Satyrspiel zum *Tannhäuser* gedacht, nunmehr als solches zu *Tristan und Isolde* passend. Wie im *Tristan* gibt es mit Walther von Stolzing und Eva Pogner ein Paar, das

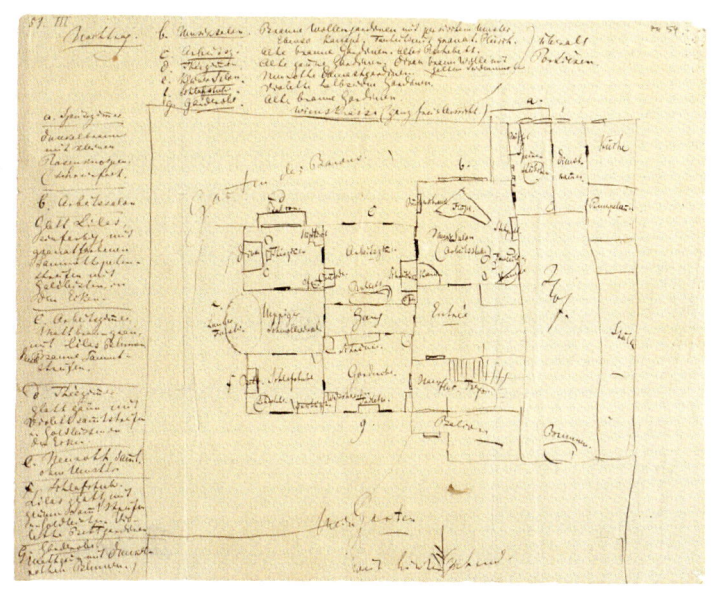

Von Wagner im Mai 1863 gezeichneter Grundriss seiner neuen Wiener Wohnung. In den Gemächern viel Samt und Seide, in den Schränken Satinhosen mit passenden Pantoffeln und Jacken, oft mit Pelz gefüttert und verbrämt. Nachdem diese Vorlieben im Jahr nach den ersten Bayreuther Festspielen durch die unautorisierte Veröffentlichung seiner Briefe an eine Wiener Putzmacherin ans Licht gekommen waren, spottete die satirische Zeitschrift «Der Floh» über «Frou-Frou Wagner».

in Liebe verfällt und in Hans Sachs einen ‹geschädigten Dritten›, der sich expressis verbis auf König Marke beruft, dessen Schicksal aber nicht teilen will. Doch trotz grimmiger Untertöne, trotz aller Ironie, mit der die Figuren gezeichnet sind, darf man von einer «Oper des Bürgertums» sprechen.[194] Dazu passt Sachs' Hymnus auf die deutsche Kunst, dessen Gedankengut übrigens noch aus vorrevolutionärer Dresdner Zeit stammt und deshalb nicht unbedingt als Vorahnung der Reichsgründung von 1870/71 gelesen werden muss.

Im ersten Anlauf kommt Wagner über die Komposition von Ouvertüre und erster Szene nicht hinaus. Offenbar mangelt es ihm noch an Gelassenheit, um jener «prachtvoll überladnen, schweren und späten Kunst», die Nietzsche an eben dieser Ouvertüre rühmt[195], den nötigen Raum zu geben. Stattdessen widmet er sich nolens volens auswärtigen Konzertverpflichtungen und dirigiert mit großem künstlerischem, aber geringem finanziellem Erfolg unter anderem in Petersburg, Moskau, Budapest, Prag, Breslau und Karlsruhe. Last, not least auch in Wien, wo er leidenschaftlich um die Uraufführung des *Tristan* kämpft, jedoch erleben muss, dass das Werk nach mehreren Anläufen und 77 Proben abgesetzt wird. Da zu allem Überdruss eine Schuldhaft wegen geplatzter Wechsel droht, flüchtet der völlig verzweifelte Komponist Hals über Kopf in die Schweiz.

Das Haus der Wesendoncks bleibt verschlossen, ein Brief geht zurück; man wird sich jedoch in Zürich, in Dresden und danach beim Bayreuther *Ring* wieder sehen. Während Mathilde Wesendonck von diesem beeindruckt ist, wird sie sechs Jahre später am *Parsifal* irrewerden: «Wenn ich nun noch Parsifal höre, so muß ich fürchten die Welt werde noch einmal katholisch werden! Lachen Sie mich aus, aber mir wäre ‹Nirvana› lieber gewesen.» Tatsächlich schreibt sie danach ihr eigenes Gedicht über das Thema ‹Mitleiden›, in dem aus Parsifal Devadatta und aus Gurnemanz Buddha wird.[196]

*Ein gutes, wahrhaft hilfreiches Wunder muß mir jetzt begegnen; sonst ist's aus!*, schreibt Wagner an Cornelius.[197] Danach lässt ihn eine vage Hoffnung nach Stuttgart aufbrechen.

# Von München nach Bayreuth: 1864 – 1872

Die Geschichte von Richard Wagner und König Ludwig II. beginnt wie ein Märchen, wächst weiter als Gespinst aus Pathos, Politik und Posse und endet im Triumph des Werks über die Wechselfälle des Lebens.

Leicht erzählt sich das Märchen. Am 10. März 1864 ist ein Wittelsbacher auf den Bayernthron gekommen, der sich eine lebenswerte Existenz eigentlich nur als Lohengrin im imaginären Wagner-Ensemble vorstellen kann: Der schöne und scheue Jüngling empfindet ganz als Künstler. Schon Vater Max II. ist von Wagners *Lohengrin* so fasziniert gewesen, dass er sich vier der sechs Münchner Aufführungen des Jahres 1858 angeschaut hat. Doch an die Wagner-Verehrung seines Ältesten reicht das nicht heran: Der liest mit zwölf Jahren *Das Kunstwerk der Zukunft* und darf als Fünfzehnjähriger den *Lohengrin* sehen. Cosima von Bülow wird er einmal vorschwärmen: «Am Tage, da ich *Lohengrin* zuerst hörte begann ich zu leben. Sie können sich denken, dass meine Stunde schlägt, wenn Er hinüber ist.»[198]

«Er» – das ist Richard Wagner, dessen Operndichtungen der junge Thronfolger alsbald auswendig zu lernen beginnt. Den Appell im Vorwort der 1863 erschienenen *Ring*-Dichtung, es möge sich ein Fürst finden, der sich für die *Bildung eines wahrhaften, nicht dünkelhaften nationalen Geistes* einsetzt[199], fühlt er direkt an sich gerichtet. Vorab berauscht er sich an *Lohengrin*-Kostümen und -Kulissen und sieht in Wagner die personifizierte Kunstoffenbarung.

Aus jugendlicher Schwärmerei wird bald eine intensive Beschäftigung mit den Bühnenbildern der Münchner Wagner-Inszenierungen und schließlich jene rastlose Bautätigkeit, die zu den Schlössern Linderhof, Herrenchiemsee und Neuschwanstein führt – allesamt nach dem Vorbild von Wagners mythologischem Fundus eingerichtet. Schwer zu sagen, was Ludwig II. im Lauf der Jahre von Wagners Musik ‹verstanden› hat; doch warum sollte er ihr weniger intensiv begegnet sein als ein Dichter wie Baudelaire? Jedenfalls befiehlt er, wo er nur kann, Aufführungen von Wagners Werken – öffentliche und zunehmend auch separate, wo er dann allein im leeren Zuschauerraum sitzt. Die Leidenschaft ist bizarr, jedoch nicht wahllos; denn der Künstler, den Ludwig II. als «Gravitationszentrum» braucht [200], ist ja keine beliebige, womöglich zwielichtige Figur, sondern ein Jahrhundertereignis.

Selbiges ist nicht gleich zu orten, als der achtzehnjährige König bald nach Regierungsantritt nach ihm suchen lässt. Kabinettssekretär Pfistermeister wird weder in Wien fündig, das Wagner Hals über Kopf verlassen hat, noch in Mariafeld. Schließlich kann er dem Gesuchten in einem Stuttgarter Gasthof den «kostbaren Brillantring des Königs» und seine «in wunderbarem Glanz leuchtende Photographie» überreichen.[201] Als sich am Tag darauf, dem 4. Mai 1864, König und Künstler in der Münchner Residenz gegenüberstehen, scheinen zwei zueinander gefunden zu haben, die gemeinsam «unbesiegbar» sind – so jedenfalls die Wunschvorstellung Ludwigs II.[202] «Hättest Du Zeuge sein können, wie sein Dank mich beschämte, als ich ihm mit der Versicherung die Hand reichte: daß sein großes Nibelungenwerk nicht nur seine Vollendung, sondern auch eine Aufführung nach seinem Sinne finden werde, daß ich dafür treu Sorge tragen würde»[203], erzählt der König seiner gleichfalls von Wagners Musik begeisterten Braut Sophie Charlotte und gibt damit zu erkennen, dass er inzwischen aus bloßer Lohengrin-Schwärmerei herausgewachsen ist.

Wagner berichtet seiner Freundin Mathilde Maier vom Ende der *schwärzesten Todesnacht meines Daseins* mit den Worten: *Sieh hier das Bild eines wundervollen Jünglings, den das Schicksal zu meinem Erlöser bestimmt. Der ist es, den wir erwarteten, der vorhanden sein mußte. […] Unsre gestrige Zusammenkunft war eine große, nicht enden wollende Liebesszene. Er ist vom tiefsten Verständnisse meines Wesens u. meines Bedürfnisses. Er bietet mir Alles, was ich brauche, zum Leben, zum Schaffen, zum Aufführen*

Diese kolorierte Fotografie war das erste Geschenk Ludwigs II. an Wagner.

*meiner Werke. Nur sein Freund soll ich sein: keine Anstellung, keine Functionen.*[204]

Beiden gemeinsam ist, dass sie in der Kunst den einzigen Sinn des Daseins sehen; und einer erlöst den anderen von dem quälenden Gefühl, mit seinem ureigenen Wollen und Erleben unverstanden und allein zu sein. Das alles würde nur psychologisches, bestenfalls biographisches Interesse erwecken, wenn es nicht zugleich um ein großes Œuvre ginge: In die acht Jahre der direkten Fürsorge Ludwigs für Wagner fallen die Uraufführung des *Tristan*, die Komposition und Uraufführung der *Meistersinger*, die Vollendung des *Rings*, die Konzeption des *Parsifal* und Wagners definitive Etablierung auf der europäischen Bühne. Auch das nachfolgende Bayreuth mit *Ring* und *Parsifal* ist ohne die Hilfe Ludwigs, der sich inzwischen zwar vom Menschen Wagner, nicht aber von dessen Werk entfernt hat, nicht denkbar.

Doch wir befinden uns erst in der Anfangszeit. Im Mai 1864 zieht Wagner in das Pellet'sche Landhaus in der Nähe von Starnberg. Dort feiert er seinen 51. Geburtstag mit Ludwigs Kabinettssekretär Pfistermeister als Gast und dem Bildnis des Königs auf dem Tisch, im Übrigen aber recht einsam. Cornelius, Bülow oder andere ergebene Freunde sind kurzfristig nicht abkömmlich; und Mathilde Maier kann sich nicht gleich entschließen, sein Haus zu führen. Als sie dann doch mit ihrer Mutter von Mainz anreist, um nach dem Rechten zu sehen, kommt dies nicht einmal mehr gelegen, denn inzwischen ist Cosima eingetroffen – nicht wegen des *wunderschönen Kuhstalls mit 40 herrlichen Schweizerkühen*, den Wagner ihr und ihren Kindern zuvor angepriesen hatte[205], sondern aus innerem Drang.

«Damit ihr mich versteht», so spricht sie viereinhalb Jahre später in der ersten Eintragung ihrer Tagebücher zu ihren Kindern, «muß ich euch bekennen, daß bis zu der Stunde, wo ich meinen wahren innersten Beruf erkannte, mein Leben ein wüster, unschöner Traum war, von welchem ich euch nichts erzählen mag, denn ich begreife ihn selbst nicht.» Und weiter: «Eine Wiedergeburt, eine Erlösung, ein Ersterben alles Nichtigen und Schlechten in mir ward mir meine Liebe, und ich schwor mir, sie durch den Tod, durch heiligste Entsagung oder durch gänzliche Hingebung zu besiegeln.»[206]

Man weiß nicht, ob allein die Ehe mit Hans von Bülow für diesen wüsten Traum entscheidend gewesen ist oder ob Cosima ihr bisheriges Leben überhaupt in dunklen Farben malen muss, damit das künftige in umso hellerem Licht erstrahle. Eines ist sicher: Anders als der in solchen Dingen augenscheinlich unsensible Gatte wird Wagner sie künftig tagtäglich spüren und wissen lassen, dass er auf ihre Liebe und Ergebenheit absolut angewiesen sei und ihr dementsprechend ewigen Dank schulde. Und dieses Bekenntnis braucht die gebildete, von Hause aus unabhängig denkende und in den Dingen des Lebens selbständig handelnde Frau, um ihr Werk der Aufopferung mit Lust und Freuden tun zu können.

Aufopferung ist nicht mit Martyrium zu verwechseln. Cosima wird Wagner drei Kinder gebären, je länger umso selbständiger ein großes Haus führen, in Augenhöhe mit Künstlern, Königen und Kaisern verkehren und – zum Ärger alter Freunde – auf den Umgang ihres Mannes Einfluss nehmen. Den erlebt sie mit all seinen Launen und Böswilligkeiten, aber auch charmant, anregend und mitreißend. Und natürlich hat sie eine Ahnung davon, dass er im Reich der Kunst der Größte seiner Zeit ist. Da unterzieht sie sich sogar mit Freuden der Aufgabe, die Bleistiftskizzen zu den jeweils neu entstehenden Bühnenwerken auf Hunderten von Seiten mit Tinte nachzuziehen, wie es ihr Mathilde Wesendonck bei *Tristan und Isolde* vorgemacht hatte.

Man gewinnt den Eindruck einer Lebensgemeinschaft, in welcher der Mann genial, chaotisch und manisch-depressiv, die Frau intelligent, einfühlend und zugleich steuernd agiert. Aufschlussreich ist eine Tagebucheintragung der Zweiunddreißigjährigen vom November 1870 – es ist nicht die einzige dieser Art: «Von mir ist jede Leidenschaft der Liebe gewichen, bei R. waltet sie noch; er sagt mir, wie ich mit Beklemmung immer dieses gewahre, daß gerade das ihm die große Sicherheit und Ruhe gegeben, daß die Natur unsren Bund gesegnet.»[207]

Jene «Leidenschaft der Liebe» beginnt im Sommer 1864 – freilich im Geheimen. Jedenfalls schweigt Cosima nach außen und bringt die Tochter Isolde am 10. April 1865 offiziell als Kind ihres Gatten Bülow zur Welt – just an dem Tag, als dieser in München die erste Orchesterprobe zu *Tristan und Isolde* leitet. Bülow ist nach eigenem Bekunden seit Februar 1865 von der «Oberfaulheit der Dinge» überzeugt[208], jedoch zu konsequentem Handeln nicht bereit. Die Stadt ist längst im Bild, erregt sich außerdem über die hohen Summen, die Ludwig seinem Künstler zukommen lässt, und über das aufwendige Projekt eines Festtheaters, an dessen Plänen Gottfried Semper arbeitet.

In dem seit Herbst 1864 angemieteten Haus Brienner Straße 21 lebt Wagner dem Vernehmen nach wie ein orientalischer Fürst mit Equipage und farbigem Diener. Grund genug für den «Volksboten für den Bürger und Landmann», im Jahr darauf zu spotten: «Allah ist groß, sagt der Mahomedaner, und der Prophet Richard Wagner hat famose Verdauungswerkzeuge! Noch ist's lange kein Jahr, seit die bekannte ‹Madame Hans de Bülow› für ihren ‹Freund› (oder was?) in den berühmten zwei Fiakern die 40000 Gulden aus der k. Kabinetskasse abholte.»[209] In der Tat gehört zum Stadtgespräch, dass Ludwigs Beamte aus Ärger über die hohen Aufwendungen das Geld in kleiner Münze bereitgehalten und der beschämten Cosima keine andere Wahl gelassen haben, als eine Kutsche zu beladen – alles für ihren Richard, dem sie öffentlich nur Gehilfin sein darf.

Wir sind damit mitten im Tohuwabohu der Münchner Jahre Wagners und betrachten speziell deren finanziellen Aspekt. Ludwig verwendet die Mittel seiner Zivilliste damals zu einem Drittel für den Posten «Wagner». Davon erhält dieser persönlich zwischen dem 1. Mai 1864 und dem 31. Dezember 1867 die Summe von 131173 Gulden und 46 Kreuzern.[210] Der Rest entfällt auf die Inszenierungen von *Holländer*, *Tannhäuser* und *Tristan* sowie auf Gehälter, welche der König den Vertrauten Wagners zahlt – unter ihnen vor allem Hans von Bülow, der bei der Einstudierung des *Tristan* unersetzlich ist und in der Folge die Rolle eines außerplanmäßigen Hofkapellmeisters einnimmt. *Ausser mir versteht keiner so zu dirigiren*[211], rühmt ihn Wagner.

Dass dieser das Land Bayern über die Zeiten hinweg nicht nur Geld gekostet hat, zeigt eine einfache Überlegung: Die für die Forschung unersetzlichen Autographe von *Feen*, *Liebesverbot*, *Rienzi*, *Holländer*, *Rheingold*, *Walküre* und *Siegfried III*, welche der König im Lauf der Jahre von Wagner zum Geschenk erhielt, könnten heute um ein Vielfaches der damals geleisteten Zahlungen verkauft werden, wenn sie nicht 1939 vom Wittelsbacher Ausgleichsfonds der Reichswirtschaftskammer abgetreten worden wären, die sie ihrerseits Adolf

Hitler zum 50. Geburtstag schenkte und damit ihren Untergang bei Kriegsende vorbereitete! Von der Partitur des *Rheingold* und vom Particell des 3. *Siegfried*-Akts fertigt Wagner eigens Schönschriften an; die Originalpartitur der *Walküre* gibt er erst aus der Hand, nachdem er den Malerfreund Friedrich Pecht um Hilfe bei der Beseitigung von Fingerspuren gebeten hat.

Doch das alles gibt keine Antwort auf die Frage, weshalb Wagner auch in den mehr als komfortablen Münchner Verhältnissen weder mit seinem Geld aus- noch ganz aus seinen Schulden herauskommt, obwohl es auch hier an königlicher Hilfe nicht gemangelt hat. Greift die tiefenpsychologische Erklärung, dass er über seine Verhältnisse und auf Kosten anderer leben muss – um beständig zu demonstrieren, was die Welt ihm für seine Kunst schuldet?

Vielleicht wäre er reicher geworden, wenn er das Ansinnen des Fürsten Thurn und Taxis ernst genommen hätte, Einfluss auf die Neubesetzung des Kabinettssekretariats zu nehmen und sich dafür *durch unzubezahlende Actien auf ein grosses Geldunternehmen* entschädigen zu lassen.[212] Doch bestechlich ist Wagner nicht – allerdings in Gelddingen so instinktlos, dass er sich um die Jahreswende 1864/65 von Pecht für den König malen lässt, um dieses sein «Geschenk» alsbald der Kabinettskasse in Rechnung zu stellen. Ludwig II. ist tief verletzt und für den bei allem und jedem erst einmal aufs Geld bedachten «Freund» zeitweilig nicht zu sprechen. Als daraufhin von interessierten Hofkreisen das Gerücht gestreut wird, Wagner sei in Ungnade gefallen, dementiert der König freilich umgehend: Dergleichen könnten nur «elende, kurzsichtige Menschen» denken, «die von Unsrer Liebe keine Ahnung haben».[213] Er hätte es damals ohne den Übervater Wagner gar nicht ausgehalten – und noch weniger ohne seine Werke, die Lichtpunkte seines Lebens.

So kann Wagner, als es gleichwohl in München ernsthaft rumort, getrost die Vertrauensfrage stellen und den König auch bei der Verleumdungsklage hinter sich bringen, die er gemeinsam mit Cosima betreffs der Vaterschaft Isoldens anstrengt. Im

Richard Wagner, Dezember 1864 bis Januar 1865 von Friedrich Pecht für Ludwig II. gemalt. Dessen Büste ist im Hintergrund sichtbar. Der Komponist sieht sich auf dem Bild «ruhig sinnend, vertrauensvoll meinen Eingebungen mich überlassend, wohl wissend, daß mein Sinnen und Trachten, Dichten und Schaffen nun von einem treuen mächtigen Schutzengel bewacht ist».

Sommer 1865 weilt er wieder am Starnberger See, um täglich mit dem König auf Schloss Berg zusammentreffen zu können; ferner in dessen Jagdhütte auf dem Hochkopf, wo in Gestalt des *Huldigungsmarschs* WWV 97 ein spezielles Geburtstagsgeschenk für den König entsteht. Bei aller Liebe zur Natur fühlt er sich unendlich einsam, zeitweilig *krank und elend.* Diener Franz

Mrazeck muss seiner *unsäglichen Confusion lächelnd* Einhalt gebieten: «Aber, Ew. Gnaden, 's schön draussen.»[214]

Doch für Wagner ist alles *Pein, was in* Cosimas *Abwesenheit vorgeht*[215]; und die darf ihm aus Anstandsgründen ohne ihren Gatten nicht nachreisen. Um ihr wenigstens in Gedanken nahe zu sein, beginnt Wagner das *Braune Buch* und trägt die bezeichnenden Verse ein: *Was mich dem steilen Gipfel zugetrieben, hält jetzt gebannt mich an des Abgrunds Rand: Verlassen musst' ich, die zurück mir blieben, dem Druck entglitt wohl manche Freundeshand.*[216] Wie sich die Bilder gleichen: Genau sieben Jahre zuvor hat Wagner in Venedig ähnlich intime Tagebuchblätter mit Botschaften für die schmerzlich vermisste Mathilde Wesendonck gefüllt. Er findet seine Urszenen und die Urszenen ihn!

Im November 1865 ist Wagner Gast auf Schloss Hohenschwangau. Mit dem König und dessen Flügeladjutanten Fürst Paul von Thurn und Taxis durchstreift er die Berge; abends spielt die königliche Kapelle Auszüge aus seinen Werken. Da gibt es bei aller Distanz Vertrautheiten, wie sie auch der drei Haupt- und zwei Begleitbände umfassende Briefwechsel zwischen Wagner und Ludwig II. immer wieder spüren lässt. *Mein herrlicher, innig geliebter König!*, so lautet die typische Anrede Wagners aus der Anfangszeit, von diesem mit «Mein geliebter, einziger Freund!» erwidert.[217] Zum letzten Mal schreibt Ludwig seinem «unendlich geliebten, gepriesenen, angebeteten Freund» im November 1882, worauf Wagner – einen Monat vor seinem Tod – seinem «begeisterten Verehrer» unter der Anrede *Mein huldreichster Gnadenhort, königlichster Herr und freundlichster Freund* antwortet.[218]

Auf Seiten des Königs dürfte der hochgestimmte Ton ernst gemeint und von ehrlichem Gefühl begleitet worden sein: Zwar gilt er nicht allzeit der realen Person, jedoch durchgehend einem Idealbild Wagners. Auf dessen Seite ist die Gefühlslage differenzierter: Die ersten Briefe, die Ludwig als *Heiland* preisen, *der mich zu einer neuen Religion führt*[219], zeugen von echtem Überschwang. Auch die Dankbarkeit der späten, von dem Gefühl Es-ist-vollbracht getragenen Briefe ist glaubhaft.

In der mittleren Zeit fällt es Wagner jedoch schwer, den richtigen Ton zu finden, denn er betrachtet Ludwig als einen Problemfall, ohne doch im Entferntesten daran denken zu können, auf die laufende Alimentation zu verzichten. Zwar fehlt es auch weiterhin nicht an Enthusiasmus, doch sind die Sätze nunmehr gewogen, mit Cosima beraten und entsprechend manipulativ – freilich keineswegs nur schmeichlerisch: *Blicken Sie um Sich, mein Freund,* so heißt es im Dezember 1868, *sehen Sie Ihren thörigen Hofstaat, diese Versorgungsanstalt eines tiefgesunkenen, nichtsnutzigen und unmännlich gewordenen Adels an.*[220]

Damit sind wir expressis verbis auf der Ebene der Politik gelandet: Wagner versteht sich als Ludwigs politischer Berater, hält ihm ausgedehnte Vorträge und beginnt im September 1865 sogar mit der Niederschrift von kulturpolitischen Aufzeichnungen, die für den König bestimmt sind und unter dem Titel *Was ist deutsch* auch vorübergehend in der «Süddeutschen Presse» erscheinen. Euphorisch heißt es im Brief an August Röckel, der seit drei Jahren nach langjähriger Zuchthaushaft wieder in Freiheit ist: *Lass' den [König] nur noch ein wenig zur Erfahrung und Kenntniss gelangen: Die Elendigkeit unsrer ganzen politischen und sozialen Zustände ist ihm ein so klar vorschwebendes und inwohnendes Bild u. Bewusstsein, dass da auch nicht das mindeste hinzuzuthun ist. [...] Die Fähigkeit zur That, zur richtigen Wahl der Mittel des Handelns, wird ihm endlich überraschend schnell kommen.*[221]

Ist dies bloßes Wunschdenken, so gelingt es Wagner sehr wohl, Ludwig gegen seinen Beamtenapparat aufzubringen, der ihm – vermeintlich oder tatsächlich – Knüppel in den Weg wirft: Ende November 1865 gibt ihm der König die Zusicherung, er wolle zwei Mitglieder des Privatkabinetts «unter Jauchzen» besiegen und einen neuen Kabinettssekretär berufen.[222] Doch daraus wird nichts, denn so wenig Ludwig den Freund enttäuschen will, so wenig hält er sich vorerst an seine Ratschläge. Im Gegenteil hat er ein Jahr zuvor den Wagner nicht eben wohlgesonnenen konservativen Ludwig Freiherrn von der Pfordten zum neuen Vorsitzenden des Ministerrats ernannt. Als Wagner nunmehr auch dessen Entlassung betreibt, kommt es genau umgekehrt: Von der Pfordten vermag beim König die Entfernung Wagners durchzusetzen.

Das erscheint ihm nötig, weil sich die Situation in München zugespitzt hat: Eine von 4000 Münchner Bürgern unterschriebene Petition fordert Wagners Weggang; bei der Parade wird seine Musik von einem Teil des Publikums demonstrativ ausgezischt, und Wagner selbst werden unfriedliche Demonstrationen vor seinem Haus oder vor der Residenz angekündigt. Voller Verzweiflung, jedoch in diesem Fall mehr realpolitisch denkender König als Ritter vom fernen Gral, bittet Ludwig den Freund, München auf einige Zeit zu verlassen.

Am 12. Dezember 1865 erfolgt der nicht gerade ehrenvolle Abgang: Mit Diener Franz und Hund Pohl reist Wagner in die Schweiz, um dort zum zweiten Mal in seinem Leben Asyl zu suchen, diesmal allerdings ohne polizeiliche Verfolgungen oder finanzielle Sorgen. Seit dem märchenhaften Münchner Anfang sind kaum mehr als ein und ein halbes Jahr vergangen. Damals schien Wagner alles zu bekommen, was er brauchte: mit Schott den Verleger fürs Leben, mit Ludwig den Mäzen fürs Leben und schließlich mit Cosima die Frau fürs Leben. Das alles ist zwar nicht dahin, aber doch gefährdet: Dem Verleger hat er kurzfristig nichts zu bieten, die Frau scheint aus seinem näheren Gesichtskreis zu rücken, und der König kämpft mit dem Wunsch, abzudanken oder gar seinem Leben ein Ende zu setzen.

Doch Wagner kennt diese dramatischen Abbrüche und braucht sie wohl auch: So schön das Agieren auf großer Bühne ist, so unangenehm gleicht es einem Albtraum, in dem man sich trotz zeitweiliger Machtfülle bewegt wie von unsichtbaren Fäden gezogen. Wagners reale Münchner Umgebung spürt etwas davon: Heinrich Porges erlebt den Freund gereizter, distanzierter und herrischer als in der vorangegangenen Wiener Zeit, und Cornelius notiert in sein Münchner Tagebuch: «Wagners Atmosphäre hat eine große Schwüle, er verbrennt und nimmt mir die Luft.»[223]

Einige Jahre später wird Wagner Cosima anvertrauen, dass er sich zweimal in seinem Leben *wohl und würdig* gefühlt habe:

1849 nach gescheiterter Revolution, «wo er losgelöst von allem, garnichts hatte noch wollte; und in Wien nach der Pariser Tannhäuser-Katastrophe, wo er Haus und Hof aufgegeben hatte und keinem Menschen etwas verdankte»[224]. Macht korrumpiert und macht einsam – müsste dazu wohl der Kommentar des *Ring*-Schöpfers lauten.

Diesem ist immerhin gelungen, was zuvor in Wien scheiterte: die Uraufführung von *Tristan und Isolde* am 10. Juni 1865. Das Hoforchester – mit dem Vater von Richard Strauss am Pult des 1. Hornisten – ist hoch motiviert, dem König seinen Herzenswunsch zu erfüllen, zumindest willig. Hans von Bülow kämpft sich *wie ein feuerspeiender Vulkan* durch die 21 Orchesterproben bis zur Generalprobe.[225] Freilich ist er als Stardirigent und Orchesterdompteur neuen Stil zugleich Choleriker: Als erwogen wird, aus dem Parkett des Nationaltheaters einige Zuschauerreihen zu entfernen, beleidigt er die Münchner mit der alsbald genüsslich verbreiteten Äußerung, auf einige Schweinehunde mehr oder weniger komme es nicht an. Freilich spricht auch der Darsteller des Tristan vom «rohen Bier-Publikum was, da es keine Gelegenheit hat oder sucht, die Wahrheit zu ergründen, eher glaubt, was nur recht schrecklich und gemein ist. Keine einzige Stimme für Wagner in dem großen Bier-Athen»[226].

Wagner selbst ist glücklich: *Ich hatte eine kurze Zeit, in welcher ich wirklich zu träumen glaubte: Es war dies die Zeit der Proben des «Tristan». Zum ersten Mal in meinem Leben war ich hier mit meiner ganzen vollen Kunst wie auf einen Pfühl der Liebe gebettet*[227], schreibt er Mathilde Maier. Die «Liebe» geht vor allem von dem aus Dresden engagierten Ehepaar Malvina und Ludwig

Richard Wagner im Kreise von Getreuen, die anlässlich der «Tristan»-Aufführung im Frühjahr 1865 nach München gekommen sind. Von links: Friedrich Uhl, Richard Pohl, H. von Rosti, August Röckel (sitzend), Auguste de Gaspérini, Hans von Bülow, Adolf Jensen, Carl Gille, Franz Müller, Felix Draeseke, Alexander Ritter, Leopold Damrosch, Heinrich Porges, Michael Moszornyi. Zu Füßen Wagners, der auf der von Joseph Albert sorgsam inszenierten Fotografie wie entrückt wirkt, Hund Pohl.

Schnorr von Carolsfeld aus, das in seinen jeweiligen Rollen völlig aufgeht, Stimmkraft mit einzigartiger Charakterdarstellung verbindet. Dass der noch nicht neunundzwanzigjährige Ludwig Schnorr von Carolsfeld, welcher sich fünf Jahre lang auf die Rolle vorbereitet hat, unmittelbar nach seiner Heimkehr vom plötzlichen Tod ereilt wird, ist zwar nicht auf Überanstrengung der Stimme zurückzuführen, umgibt das Geschehen jedoch mit einer mystischen Aura.

Der Nachruf, den der *Tristan*-Komponist seinem Tristan-Sänger widmet, sagt Entscheidendes auch über das Werk aus:

Zu Wagners *wahrhaftem Entsetzen* habe der Sänger die Zuschauer mit seiner identifikatorischen Darstellung so gefesselt, dass sie dem Orchester, das doch eigentlich die Hauptrolle spiele, keinerlei bewusste Aufmerksamkeit hätten schenken können.

Wer die Bedeutung des Orchesters würdigen wolle, möge *die rastlos auftauchenden, sich entwickelnden, verbindenden, trennenden, dann neu sich verschmelzenden, wachsenden, abnehmenden, endlich sich bekämpfenden, sich umschlingenden, gegenseitig fast sich verschlingenden musikalischen Motive* anhand der Partitur verfolgen. Des Weiteren möge er wahrnehmen, *daß diese Motive, welche um ihres bedeutenden Ausdruckes willen der ausführlichsten Harmonisation, wie der selbständigst bewegten orchestralen Behandlung bedurften, ein zwischen äußerstem Wonneverlangen und allerentschiedenster Todessehnsucht wechselndes Gefühlsleben ausdrücken, wie es bisher in keinem rein symphonischen Satze mit gleicher Kombinationsfülle entwickelt werden konnte.*[228]

Das sagt mehr über die *Tristan*-Musik aus als manche musikwissenschaftliche Analyse, und Wagner hat allen Grund, sich an seinem eigenen Werk zu berauschen – gleich dem König, welcher unter dem Eindruck der Premiere stammelt: «Einziger! – Heiliger! – Wie wonnevoll! – Vollkommen. So angegriffen von Entzücken! – ........ Ertrinken ........ versinken – unbewußt – höchste Lust. – Göttliches Werk! – Ewig treu – bis über den Tod hinaus!»[229]

> Der Philosoph George Steiner: «Es gibt Augenblicke, in denen man sagen möchte, daß der menschliche Geist wenig geschaffen hat, das sich mit Wagner messen kann. Aber Vorsicht: Er hat nichts anderes gemacht, als die unergründliche Fremdheit von Musik selbst zum Ausdruck zu bringen.»
> Süddeutsche Zeitung, 1. 9. 1998

Im Publikum wird nach allen drei Akten Beifall und Zischen laut. Den Komponisten dürfte diese gemischte Reaktion nicht überrascht haben: Die ersten Aufführungen sind weniger für das profane Publikum als für den König und Wagners «Getreue» bestimmt, die in der Tat aus halb Europa anreisen. So kann Wagner sich in der *erfrischenden Oase eines anmutigen Kunstateliers* inmitten *der Wüste unseres theatralischen Markttrei-*

*bens* erleben.²³⁰ Dass er weiterhin Festspielprojekte verfolgt, zeigt ein Plan vom Januar 1865, der unter anderem die ersten Aufführungen des *Rings* im *neugebauten Festtheater* vorsieht.²³¹ Dringlicher als ein solches erscheint Wagner allerdings die Gründung einer Münchner Musikschule, welche den dramatischen Gesang deutscher Sprache pflegen und Traditionen für den Vortrag klassisch deutscher Orchesterwerke schaffen soll. Mit Bülow als erstem Direktor nimmt die später zur Akademie der Tonkunst nobilitierte Einrichtung den Unterricht im Herbst 1867 auf.

Die wichtigste künstlerische Tat im Anschluss an die Münchner *Tristan*-Aufführung ist die Konzeption des *Parsifal* – eines Sujets, von dem namentlich der König *sehnlich zu hören verlangt*²³². Vage hat Wagner das Thema schon in der Zeit des *Lohengrin* beschäftigt, konkreter während seiner Arbeit an *Tristan und Isolde*, als am Horizont immer wieder der Gedanke auftaucht, dass es eine Alternative zur Liebesverstrickung geben müsse. Diese erhält nunmehr das prägnante Motto: *Stark ist der Zauber des Begehrenden, doch stärker der des Entsagenden.*²³³ So heißt es im ersten Prosaentwurf, den Wagner Ende August 1865 auf zwanzig Seiten des *Braunen Buchs* einträgt, um ihn danach liegen zu lassen und erst im Frühjahr 1877 in Verse zu fassen; vorerst muss der Umriss eines *Bühnenweihfestspiels* genügen, das ganz im Zeichen von Reinheit, Mitleid und Erlösung stehen soll.

Wir haben Wagner zum Zeitpunkt seiner Ausreise in die Schweiz verlassen, wo er im März 1866 seinen Wohnsitz für die nächsten sechs Jahre findet: Villa Tribschen, am Vierwaldstätter See bei Luzern gelegen. Er hat das Haus, für dessen Miete Ludwig II. aufkommt, gemeinsam mit Cosima erspäht, die ihm in einem Abstand von einem Vierteljahr in die Schweiz nachgereist ist. Das Ableben Minnas scheint ihr den Entschluss, in Tribschen einzuziehen, kaum erleichtert zu haben. Jedenfalls lebt sie dort vor der Welt geradezu verborgen²³⁴, in eigenen Räumen und meistenteils ohne ihre zwei Töchter aus erster Ehe. Als Bülow im April 1867 zum Münchner Hofkapellmeister ernannt wird, kehrt sie sogar für eine Zeit lang zu ihm zurück.

Gleichwohl gebiert sie Wagner im Februar 1867 Eva, im Juni 1869 Siegfried. Das Paar betrachtet sich als eine verschworene Gemeinschaft, die um der großen Sendung willen allen äußeren Fährnissen trotzt. In Anlehnung an Schopenhauers philosophisches Hauptwerk belegt man sich in telegraphischen Botschaften mit den Decknamen «Will» und «Vorstell» – wobei Richard der Part des Willens, Cosima derjenige der Vorstellung zukommt: er grenzenlos, sie begrenzend.

Von der Politik kann und will Wagner derweilen nicht lassen: Könnte er Ludwig nur bewegen, ein neues Privatkabinett oder gar einen anderen Ministerpräsidenten zu berufen, so sähe gewiss alles ganz anders aus! Immer wieder leistet Wagner Überzeugungsarbeit – speziell im Frühsommer 1866, als es zum Krieg zwischen Preußen und Österreich kommt. Der konfliktscheue König möchte sich am liebsten aus allem heraushalten, wie er überhaupt aus seinen offiziellen Verpflichtungen flüchtet. Laut Tagebuch ist er am 22. Mai, anstatt den Landtag zu eröffnen, dem ihm auf Schloss Berg vortragenden Oberappellationsgerichtsrat Johann von Lutz entwischt, über Polling und Peißenberg nach Peiting geritten, mit der Postkutsche nach Biessenhofen gefahren, in den fahrplanmäßigen Eilzug nach Lindau gestiegen, im Dampfboot über den Bodensee nach Romanshorn übergesetzt, von dort nach Zürich und schließlich mit einem Extrazug nach Luzern weitergereist, um dem «Gottgesandten» zu dessen grenzenloser Überraschung schon am frühen Nachmittag in einem blauen Byron-Umhang und einem großen Hut mit Straußenfedern als «Walther von Stolzing» gegenüberzutreten und zum Geburtstag zu gratulieren.

Ironie der Geschichte, dass Ludwigs Kabinett in seinem Bemühen, den König im Amt zu halten, ausgerechnet auf Wagner setzen muss. Der tut im eigenen Interesse sein Bestes, erinnert ihn an seine Verantwortung für die gesamtdeutsche Politik, rät einmal zu Preußen, ein andermal zu Österreich und stellt im Juni 1866 ein großes politisches Programm vor, das mit den Worten beginnt: *Preussen u. Oesterreich stehen bundesbrüchig in den Waffen: bricht der Krieg zwischen ihnen aus, so kann sein Ausgang nur die Theilung Deutschlands sein,* und mit einem Appell an das bayerische Volk endet, die *Macht* zu gewinnen und auf *Ludwig den Deutschen* zu vertrauen.[235]

Glaubt Wagner ernsthaft daran, mit Ludwig an der Spitze und ihm als Ratgeber im Hintergrund *aus Bayern das Bollwerk Deutschlands gegen Preussen* machen zu können?[236] Hat er nicht am Schluss der *Meistersinger* längst das Eigentliche gesagt: *Zerging in Dunst das heil'ge röm'sche Reich, uns bliebe gleich die heil'ge deutsche Kunst*? Worte jedenfalls, die er nach der Niederlage der Bayern gegen die Preußen bei Bad Kissingen dem König noch einmal ausdrücklich in Erinnerung ruft!

Diesem werden sie wohl getan haben, denn ohnehin würde er gelegentlich gern in einer Tribschener Kunstkolonie leben – zusammen mit dem Erhabenen, mit Frau Cosima, solange sie ihren Ruf als Madame von Bülow noch nicht ganz verspielt hat, und vielleicht mit dem jungen Adjutanten Paul von Thurn und Taxis, der das Spiel offenbar gern mitspielt, sich als treuer «Friedrich» bezeichnet, den König seinen «theuersten Engel» nennt und auch Wagner «bis zum Tod getreu» sein will.[237] «Friedrich» überbringt auch jene intimen Nachrichten, die der oftmals recht sorglose König gelegentlich nicht dem öffentlichen Telegraphen anvertrauen will.

Mehrfach dringt Ludwig II. in Wagner, von Tribschen nach München zurückzukehren. Doch der fürchtet sich vor neuem Wirrwarr und belässt es bei gelegentlichen Besuchen. Diese führen ihn nicht nur auf die Schlösser des Königs, sondern beispielsweise auch in den Amtssitz des liberalen Ministerpräsidenten Chlodwig Fürst zu Hohenlohe-Schillingsfürst, der im Dezember 1866 nicht ohne Fürsprache Wagners in sein Amt gelangt ist. Derlei politische Kontakte sind schmeichelhaft, werden gleichwohl überstrahlt vom Erfolg der *Meistersinger*, die am 21. Juni 1868 Premiere haben: An der Seite Ludwigs II. in der Königsloge des Nationaltheaters sitzend, kann Wagner beim Münchner Publikum wahre Triumphe feiern; und selbst Kapellmeister Hans von Bülow ist diesmal Persona grata.

1862, in Biebrich, hat Wagners Kraft nur zur Ouvertüre gereicht und später, in der ersten Münchner Zeit, gerade einmal zur 1. Szene. Danach ist der Wert eines Exils sichtbar geworden, das den Künstler auf sich zurückwirft: Im März 1866, bevor überhaupt Villa Tribschen gefunden ist, steht der 1. Akt, eineinhalb Jahre später die ganze Oper. *Mitten in dieser Wirrsal mache ich die Meistersinger fertig! Wer wird mir das glauben? Was bin ich für ein Mensch?*, fragt Wagner sich und den König.[238] Und Cosima wird später erfahren: *Das empörte Minna, meine erste Frau, daß während der fürchterlichsten Scenen, die sie mir machte, ich ruhig blieb, weil mir für Tristan oder Walküre etwas einfiel. [...] Die Inspiration lacht aller Nöte wie alles Wohlseins.*[239] Während der Arbeit am *Parsifal* meint Wagner: *Ach! das ist meine Rettung, daß mir diese Fähigkeit gegeben war, augenblicklich das Ernsteste in Unsinn umzuschlagen, so konnte ich mich an dem Abgrund erhalten.*[240]

Sind die *Meistersinger* nur eine Oper des deutschen Bürgertums mit «Nürnberg als ästhetischem Staat»?[241] Äußerlich mag dies zutreffen: Zwei Jahre nach dem innerdeutschen und zwei Jahre vor dem deutsch-französischen Krieg ist die politische Lage instabil; da kann eine «nationale» Kunst bei der Identitäts-

Richard Wagners liebste Dirigenten: Hans von Bülow und Hermann Levi. Ölbild von Streckfuß und Foto von Friedrich Müller. Mit Hans Richter, dem musikalischen Leiter der ersten «Ring»-Aufführung, war Wagner nicht vollkommen zufrieden.

findung helfen. Andere Perspektiven werden sichtbar, wenn man an das Schwesterwerk *Tristan und Isolde* denkt. Der Wahn des Begehrens, dem die Musik dort nachspürt, bleibt in den *Meistersingern* präsent – nicht zuletzt in den Knittelversen aus Hans Sachsens «Wahn-Monolog»: *Wohin ich forschend blick' in Stadt- und Weltchronik den Grund mir aufzufinden, warum gar bis aufs Blut die Leut' sich quälen und schinden in unnütz toller Wut?* Und an anderer Stelle der *Meistersinger* ist das *traurig Stück* von *Tristan und Isolde* sogar in einem musikalischen Zitat präsent: Schopenhauer ist nicht vergessen, auch wenn sich die Tragödie zur Komödie gewandelt hat.

Sein «Schüler» Nietzsche tritt in der *Meistersinger*-Zeit persönlich in Wagners Leben: Am 19. Mai 1869 taucht er zum ersten Mal in Tribschen auf; 22 Besuche werden folgen. Ein paar Monate zuvor ist er Wagner schon in Leipzig begegnet – ohne den extra zu diesem Anlass bestellten Rock, der vom Schneider zwar gebracht, jedoch nach handgreiflicher Auseinandersetzung um die Bezahlung wieder mitgenommen wird. «Vor und nach Tisch spielte Wagner», so heißt es in einem Brief an Erwin Rohde, «alle wichtigen Stellen der *Meistersinger*, indem er alle Stimmen imitierte und dabei sehr ausgelassen war. Er ist nämlich ein fabelhaft lebhafter und feuriger Mann, der sehr schnell spricht, sehr witzig ist und eine Gesellschaft dieser privatesten Art ganz heiter macht.»[242] Schon vorher hatte er dem Freund anvertraut: «Mir behagt an Wagner, was mir an Schopenhauer behagt, die ethische Luft, der faustische Duft, Kreuz, Tod und Gruft etc.»[243] Und in dem Abschnitt «Warum ich so klug bin» aus «Ecce homo» heißt es: «Alles erwogen, hätte ich meine Jugend nicht ausgehalten ohne Wagner'sche Musik.»[244] Noch 1888, kurz vor seinem Zusammenbruch, wird er Wagner den ihm «bei weitem verwandtesten Mann» nennen.[245]

Seit Februar 1869 ist der Vierundzwanzigjährige außerordentlicher Professor der klassischen Philologie an der Universität Basel – zunächst noch ohne Doktordiplom, das ihm die Leipziger Universität sechs Wochen später geradezu nachwirft. Natürlich zieht es ihn zu Wagner, der die Vaterschaft an der gerade entstehenden Schrift «Die Geburt der Tragödie aus dem Geiste der Musik» hat. Beide teilen Schopenhauers Verachtung des weltlichen Treibens; beide finden in ihrer Zeit keinen anderen Menschen gleich hohen Sinnes. Und jeder hofft, vom anderen in seiner besonderen Größe erkannt zu werden: nämlich in der Fähigkeit, philosophische, ethische, ästhetische, politische und psychologische Diskurse in ihrem Wesen zu erfassen und so zu bündeln, dass sich daraus die Kunst der Moderne konstruieren lässt – einer Moderne, die ihr produktives, kritisches und zerstörerisches Potenzial ohne Pardon auf den Tisch legt.

Natürlich gibt es ein Gefälle: Wagner betrachtet seinen 31 Jahre jüngeren Verehrer mit einer Mischung aus Wohlwollen und Herablassung – immerhin ohne jenen Spott, den er im *Braunen Buch* einmal über Nietzsches Standesgenossen ausschüttet: *Professoren: = auf dem Baum der Erkenntnis herumkletternde Affen.*[246] Nietzsche will seinerseits vor allem bewundern und in Tribschen ein neues Zuhause finden. Zwar stellt sich schnell heraus, dass der Bund von «Will» und «Vorstell» keinen Dritten verträgt, doch als Hausgast ist der Philosoph immer willkommen: Er soll nicht nur disputieren, sondern auch beim Vergolden der Weihnachtsnüsse helfen und in Cosimas Auftrag einkaufen: Dürers Kupferstich «Melencolia» für Richard und Puppen für die Kinder.

Zwar ist Nietzsche nicht zugegen, als Cosima das Geburtstagskind Wagner am 22. Mai 1869 mit drei späten Beethoven-Quartetten überrascht, die das aus Paris engagierte Morin-Chevillard-Quartett spielt. Doch er darf im Haus bleiben, als Cosima zwei Wochen später mit Siegfried niederkommt, und auch als zu ihren Ehren am ersten Weihnachtstag des Jahres 1870 das *Siegfried-Idyll* WWV 103 erklingt. Dass Wagner ihn einmal als möglichen Erzieher Siegfrieds ins Gespräch bringt, schließt nicht aus, dass er auf der anderen Seite Nietzsches Lebensweg zunehmend mit Sorge betrachtet und sich mit abschätzigen Bemerkungen immer weniger zurückhält. Dass ihm der Philosoph mit einer eigenen Komposition, dem «Hymnus auf die Freundschaft», zu kommen und ihm ein andermal das «Triumphlied» von Brahms vorzustellen wagt, registriert er mit är-

«Wir haben die Kunst, damit wir nicht an der Wahrheit zugrunde gehn!» – Das passt auf Wagners Werk, stammt aber von einem hier noch recht freundlich blickenden jungen Basler Professor: Friedrich Nietzsche. Anonymes zeitgenössisches Porträt

gerlichem Kopfschütteln; Nietzsches körperliche Leiden führt er nach Konsultation eines Arztes auf Onanie zurück.

Cosima, die im *Krampf* der Tribschener Zeit zwischen Glücksgefühlen und tödlicher Verzweiflung hin- und herschwankt[247], konfrontiert ihren Gatten im Herbst 1868 mit dem Entschluss, in dauernder Gemeinschaft mit Wagner zu leben. Ludwig II., der sich bis dahin geweigert hat, die Realitäten zur Kenntnis zu nehmen, reagiert peinlich überrascht, höchlichst enttäuscht und ungnädig: Man hat jahrelang sein Vertrauen missbraucht und ihm nun noch die Illusion genommen, Wagner sei niemandem enger verbunden als ihm selbst. Künftig ist der König, ohne sich dies beständig anmerken zu lassen, nur noch an Wagners Werk interessiert.

Bülow, der Hauptbetroffene, reagiert auf Cosimas immer dringlicher vorgebrachten Scheidungswunsch lange Zeit hinhaltend, endlich zustimmend. Die im Juli 1870 ausgesprochene Scheidung ermöglicht ihr zwar die ersehnte zweite Ehe; gleichwohl begegnet sie Wagner weiterhin in einer dienenden Haltung, die nicht zuletzt von Schuldgefühlen herrührt. Bemerkenswert, dass sie nach seinem Tod die allem Anschein nach gemeinsame Tochter Isolde als ein Kind Bülows ausgibt und entsprechende Erbschaftsregelungen gegen die klagende Tochter gerichtlich durchsetzt.

> **Zwei Väter, fünf Kinder:** Gemeinsam mit Hans von Bülow hatte Cosima die Töchter Daniela (1860–1940), die den Kunsthistoriker Henry Thode ehelichte, und Blandine (1863–1941), die mit dem italienischen Grafen Biagio von Gravina verheiratet war. Von Richard Wagner stammten die Kinder Isolde (1865–1919), verheiratet mit dem Dirigenten Franz Beidler, Eva (1867–1942), verheiratet mit dem «Rasse»-Theoretiker Houston Stewart Chamberlain, und Siegfried (1869–1930), verheiratet mit Winifred Williams. Diese gebar ihm die Kinder Wieland (1917–1966), Friedelind (1918–1991), Wolfgang (*1919) und Verena (*1920).

Wagner versteht Cosimas Probleme: Er selbst setzt sich in seinen Träumen lebenslang mit Gefühlen von Schuld und Verlassenheit auseinander. Nach außenhin reagiert er freilich unbekümmerter – so auch im Sommer 1869, als sich eine kleine Delegation von Pariser Wagnerianern als Besucher in Tribschen einfindet: der Dichter Philippe-Auguste Villiers de l'Isle-Adam, der Literat Catulle Mendès und seine schöne und bereits schriftstellernde Frau Judith, Tochter des Dichters Théophile Gautier. Während Cosima der eigentlich viel zu «ungezogenen» und «geräuschvollen» Judith ihre Sorgen vorträgt[248], klettert Wagner auf die höchsten Bäume des Gartens und genießt es wieder einmal, im Zentrum zu stehen.

Gemeinsam steht das Paar im Zentrum, als es am 25. August 1870 in der protestantischen Kirche von Luzern getraut wird. Damit ist auch der Weg frei für die bisher verweigerte Taufe Siegfrieds. «Helferich Siegfried Richard Wagner benimmt sich leidlich», heißt es über die Haustaufe vom 4. September in Cosimas Tagebuch.[249] Das ist mitten im deutsch-französischen Krieg, als Wagner – ebenso wie Brahms und Nietzsche, der sogar als Sanitäter einrückt – mit den deutschen Truppen fiebert und auch vor zweifelhaften künstlerischen

Produktionen nicht zurückschreckt: Im November 1870 entsteht ein *Lustspiel in antiker Manier* mit dem Titel *Eine Kapitulation* WWV 102 – eine recht peinliche Verspottung französischen Wesens, die Wagner unbedingt aufgeführt und sogar vertont wissen will. Wenig später folgt der *Kaisermarsch* WWV 104 – ein Auftragswerk des Verlags C. F. Peters, gleichwohl von traurigem Opportunismus: Wagner zitiert den Luther-Choral «Ein feste Burg ist unser Gott» und schließt mit dem *Volksgesang* «Heil dem Kaiser».

Vor dem Hintergrund des Deutsch-Französischen Krieges vermag man zwei bekannte Schriften Wagners in schärferem Licht zu sehen: *Das Judenthum in der Musik* und *Beethoven*. Beim *Judenthum* handelt es sich um die erweiterte Neuauflage des zwanzig Jahre alten Essays, der noch einmal den alten Feind beschwört, was im Falle Mendelssohn Bartholdys und Meyerbeers recht nostalgisch anmutet. Cosima hat der Veröffentlichung mit großer Sorge entgegengesehen; in der Tat erscheint eine Flut von Gegenschriften – nach Martin Gregor-Dellin an die 170.[250] Vielleicht sind es gerade diese Entgegnungen, die Wagner zur Stabilisierung seiner Wahnvorstellung braucht, sein inzwischen auch unabhängig von Ludwig II. verfolgtes Festspielprojekt werde vor allem von Juden bedroht.

> Mein Musizieren ist nun stets nur durch einen andauernden ekstatischen Zustand möglich, während welchem ich eigentlich unter die absoluten Sonderlinge zu rechnen bin. Eine ganz exzentrische Ausschweifung tut mir als Unterbrechung dann wohl, z. B. solch ein plötzlicher polemischer Exkurs, wie ihn J. J. Weber nach Neujahr zugeschickt bekam, und wie er unter dem Titel «Das Judentum in der Musik» Ihnen in Folge meines Auftrages jetzt vorgelegt worden ist.
>
> **Wagner am 12. 3. 1869 an seinen Schwager Oswald Marbach, unveröffentlichter Brief**

Sind s i e die Feinde, so ist B e e t h o v e n Kronzeuge seiner Sache, die erklärtermaßen eine nationale Sache ist. Mit Bedacht ist am Ende des *Beethoven* von dem *wundervollen* Kriegsjahr 1870 die Rede, obwohl die Schrift einen anderen aktuellen Anlass hat: Beethovens 100. Geburtstag. Zwar will Wagner *einen Beitrag zur Philosophie der Musik* in der Tradition Schopenhauers liefern [251], doch das schließt eine Verbeugung vor dem deutschen Geist, wie er nicht zuletzt in Beethoven Gestalt ge-

Giacomo Meyerbeer, 1851 gemalt von Karl Begas, sowie Felix Mendelssohn Bartholdy, 1844 gemalt von seinem Schwager Wilhelm Hensel (Repliken). Beide Künstler tragen den gleichen Orden, denn die Bildnisse hingen in der Porträtgalerie «Pour le mérite» des preußischen Königs Friedrich Wilhelm IV. Die Originale sind verschollen: Augenscheinlich wurden sie zur Zeit des Nationalsozialismus aus dem Hohenzollernmuseum entfernt. Denn Mendelssohn und Meyerbeer waren nicht nur gebürtige Deutsche und als Musiker in preußischen Diensten hoch angesehen, sondern auch Juden. So merkwürdig es klingt: Wagner hat sich gegenüber diesen beiden ihm durchaus wohlgesinnten Berlinern zeitlebens als armer Schlucker gefühlt. Er sah in ihnen «Musikbankiers» und Galionsfiguren einer Musikkultur des Bombastes und der Seichtigkeit, die zwar dem Untergang geweiht war, ihm selbst jedoch zu Lebzeiten keine Chance gab. Stilistisch war er ihnen näher, als er je einräumen konnte.

worden ist, nicht aus. Es ist erstaunlich, wie beharrlich er an alten Vorstellungen festhält – so auch an derjenigen, er sei der eigentliche Erbe Beethovens.

Dass dessen «Neunte Sinfonie» anlässlich der Grundsteinlegung des Bayreuther Festspielhauses erklingen wird, ist somit alles andere als Zufall. Doch wie steht es inzwischen mit dem vierteiligen *Ring*, der einmal an dieser Stätte aufgeführt werden soll? Wir erinnern uns, dass Wagner sich den *Siegfried* im Sommer 1857 *mitten in der besten Stimmung vom Herzen gerissen* hat[252], um sich *Tristan und Isolde* zuzuwenden. Die frühe Münchner Zeit nimmt Wagner wahr, um den liegen gebliebenen 2. Akt abzuschließen, während der 3. Akt erst nach den

*Meistersingern* an der Reihe ist. 1869 wäre das Jahr der Vollendung geworden, wenn Wagner den Abschluss der Instrumentation nicht bis ins Jahr 1871 hinausgezögert hätte, um eine unautorisierte Aufführung durch Ludwig II. zu verhindern.

In diesem Punkt ist Wagner inzwischen gebranntes Kind: Nachdem sich der König in der Cosima-Angelegenheit schmählichst getäuscht sieht, nimmt er seinerseits das Recht für sich in Anspruch, die von ihm heiß ersehnten Aufführungen des *Rheingold* und der *Walküre* auch gegen den Willen des Komponisten anzuordnen. Dieser steht einem solchen Unternehmen erst skeptisch und dann vollständig ablehnend gegenüber, weil sich ein Fiasko abzeichnet. Dieses droht im Fall des *Rheingold*, dessen Aufführung als erste ansteht, weniger der musikalischen als der szenischen Realisation wegen: Über Kostüme, Bühnenbild und Regie erhält Wagner in Tribschen nichts als Schreckensbotschaften.

In heilloser Angst, dass eine schlechte Aufführung das ganze *Ring*-Projekt in Verruf bringen könnte, versucht er den auf seine Nutzungsrechte pochenden König zu bewegen, die Aufführung wenigstens zu verschieben. Doch der bezeichnet das Gebaren Wagners und seines «Theatergesindels» als «wahrhaft verbrecherisch und schamlos».[253] Hinter vorgehaltener Hand spricht Wagner seinerseits vom *Phantasten* und *Crétin* Ludwig.[254] Wie auch immer: Im Oktober 1869 geht das *Rheingold* im Nationaltheater über die Bühne, geleitet von Franz Wüllner. Als Chorleiter in Diensten der Münchner Musikschule ist dieser bestenfalls zweite Wahl – jedoch der einzige Dirigent weit und breit, der Wagners Bannfluch trotzt: *Hand weg von meiner Partitur! Das rath' ich Ihnen, Herr; sonst soll Sie der Teufel holen!*[255] Acht Monate später leitet Wüllner an gleicher Stelle und abermals in Abwesenheit des Komponisten auch die Uraufführung der *Walküre*; was ihm bald darauf die Würde des 1. Kapellmeisters einträgt.

Wagner ist trotz solcher Nackenschläge nicht aufzuhalten, rekonstruiert nolens volens sein Verhältnis zum König und befasst sich mit der *Götterdämmerung*: Der erste Gesamtentwurf, die «Kompositionsskizze», entsteht zwischen Oktober 1869 und April 1872, der zweite Gesamtentwurf, die «Orchesterskizze», um wenige Monate zeitverschoben. In einem Gedicht mit der Kopfzeile *Vollendet das ewige Werk!* kann Wagner dem König zu dessen 27. Geburtstag im August 1872 die Fertigstellung des Werks in der Orchesterskizze melden.[256]

Zuvor hat ihn immer wieder der *Komponier-Teufel* geplagt, nämlich die Aufregung bei bestimmten kniffligen Stellen. Während er mit dem 2. Akt beschäftigt ist, ruft er – beim Erdbeer-Nachtisch mit Cosima und Sohn Siegfried – unvermittelt aus: *Ich verfluche dieses Musizieren, diesen Krampf, in den ich versetzt bin, der mich mein Glück gar nicht genießen läßt; da ist mein eigner Sohn da gewesen, und es geht an mir vorüber wie ein Traum; dieses Nibelungen-Komponieren sollte längst vorüber sein, es ist ein Wahnsinn, oder ich müßte gemacht sein, wild wie Beethoven; es ist nicht wahr, wie ihr euch einbildet, daß dies mein Element ist; meiner eignen Bildung zu leben, meines Glückes mich zu erfreuen, das wäre mein Trieb; früher war es anders.*[257]

Der Wagner der *Götterdämmerung* verfügt einerseits über eine enorme Souveränität im Umgang mit dem Material; andererseits liegt die Komplexität der Aufgabe wie ein Albdruck auf ihm: Was er in den drei vorangegangenen Teilen des *Rings* an Gedankenkonstruktionen, Leitmotiven, Kompositionsverfahren und Instrumentationstechniken akkumuliert hat, muss er nunmehr in komplexen Konstruktionen zur finalen Darstellung bringen. Kaum eine Note, die nicht «motivisch», das heißt aus Motiven der Ahnung und Erinnerung abgeleitet wäre! Bisweilen ist der Satz damit so gesättigt, dass man – von Wagner sicherlich beabsichtigt – die Details kaum mehr wahrnimmt und sich ganz dem Gefühlseindruck überlässt. Besonders deutlich ist dies in den gedankenschweren Orchesterüberleitungen zwischen den Szenen. Die Frische des *Rheingold*, die Verve der *Walküre*, die Farbigkeit des *Siegfried* – sie sind dahin: Alles ist verhangen, düster, grimmig, entstellt, verzerrt.

Bei alledem quält Wagner noch die Sorge, wie er die Partien besetzen und das Geld beschaffen soll: *Woher meinen Hagen nehmen mit dieser hallenden protzigen Stimme; die Kerle, die solche Stimmen haben, sind dann Dummköpfe. Ach, es ist ein Unsinn.*

Anfang der Partitur der «Götterdämmerung», geschrieben am 2./3. Mai 1873 – wie immer ein Wunder der Kalligraphie. Von den ganz Großen der Musik hatte wohl nur Johann Sebastian Bach in seiner Notenschrift einen gleich schönen Schwung. Bevor Wagner mit der Niederschrift seiner Partituren begann, richtete er die Seiten im Voraus sorgfältig ein – ein Layout, das es dann auszufüllen galt.

*Idylle, Quartette, das möchte ich gern noch machen. Und dazu diese ein Thaler Agitation zur Aufführung der Nibelungen!*²⁵⁸

Je mehr sich die Komposition der *Götterdämmerung* und damit des ganzen *Ring*-Zyklus ihrem Ende nähert, desto weniger hält es Wagner in Tribschen: Dort ist er ohne die Hausmacht, die er zur Verwirklichung seiner Festspiel-Idee braucht, und allzu sehr vom Willen des Königs abhängig, der jetzt sogar die beiden ersten Akte des *Siegfried* aufführen will – in dem Irrglauben, der 3. Akt sei noch nicht vollendet. Auf der Suche nach Alternativen fällt Wagners Blick auf Bayreuth, dessen Opernhaus der «Brockhaus» rühmend erwähnt. Im April 1871 stattet er dem 17 000 Einwohner zählenden Städtchen einen Besuch ab: Es liegt im Königreich Bayern und ist doch recht weit entfernt von der Münchner Residenz; es hat weder ein eigenes Theater noch einen Kurbetrieb, der just das falsche Publikum in sein Festspielhaus treiben würde.

Das zunächst avisierte Markgräfliche Theater kommt zwar, wie sich schnell herausstellt, für Wagners Zwecke nicht in Frage, die Stadt aber gefällt ihm. Er reist gleich weiter nach Berlin, um dort im Jahr der Reichsgründung die Gründung seines eigenen Reichs bekannt zu geben. Denn seine «nationalen Festspiele», wie sie zu seiner Freude alsbald genannt werden, denkt er sich als Angelegenheit nicht nur Bayerns, sondern ganz Deutschlands. Wie anders lassen sich die für Bau, Technik und Künstler veranschlagten 300 000 Taler aufbringen! In Berlin diskutiert er die schon erwähnte *ein Thaler Agitation*, die darin bestehen soll, 1000 Patronatsscheine zu je 300 Talern zu verkaufen. Doch dafür braucht man im ganzen Land Richard-Wagner-Vereine und zahllose Helfer. Deren vornehmster ist und bleibt Ludwig II., der zwar inzwischen an seinen Schlössern baut und damit eine Finanzkrise nach der anderen heraufbeschwört, aber noch im Festspieljahr 1876 den Schwur tut: «Ihnen dienen will ich, so lange ich lebe und athme.»²⁵⁹

# Von Bayreuth in die Welt: 1872 – 1883

Bayreuth ist die Zielgerade: lang, anstrengend und am Ende erfolgreich. Wie selbstverständlich lenkt Wagner sein bis dahin wild bewegtes Leben in ruhigere Bahnen – getreu der Inschrift an Haus Wahnfried: *Hier, wo mein Wähnen Frieden fand, – Wahnfried sei dieses Haus von mir benannt.*[260] Dass *Ring* und *Parsifal* am Ende seines Lebenswerks stehen würden, hatte er in einem für Ludwig II. bestimmten *Programm* schon im Januar 1865 festgelegt und hinzugefügt: *Dann – mögen andere kommen!*[261] Dabei bleibt es: Abgesehen von den *Siegern*, die kaum mehr zur Disposition stehen, kommt Wagner mit allem in Bayreuth an, was er sich ehedem vorgenommen hat, und bringt es dort zum Abschluss.

Nachdem er die Stadt Anfang des Jahres 1872 definitiv zum Wohn- und Festspielort bestimmt hat, bietet ihm das Hotel «Fantaisie» die erste vorläufige Bleibe; danach zieht man in die Dammallee. Der Tag der Grundsteinlegung zum Festspielhaus beginnt mit einer kleinen Familienidylle, denn es ist der 22. Mai, Wagners Geburtstag: «Daniella sagt ihm ein kleines Gedicht, von Clemens verfertigt, die Kinder schenken eine Bibel; Fidi [Siegfried] sehr hübsch in der Blouse, die Gräfin Bassenheim gestickt.» Allerdings hat Wagner schlecht geträumt und Fidi voller Wunden gesehen: «Was dies wohl bedeutet?»[262]

In strömendem Regen geht es zum Festplatz, wo Wagner die Grundsteinlegung vornimmt und das Glückwunschtelegramm des Königs mit einmauern lässt. Danach im Opernhaus Reden, später Wagners *Kaisermarsch* und Beethovens «Neunte Sinfonie». Zwischendurch Abstrafung des Journalisten Dr. Julius Lang, der Wagner nach dessen Auffassung seit Jahren kompromittiert, jetzt aber schöntut. Schließlich das Bankett: Die Sänger Niemann und Betz gehen aus gekränkter Eitelkeit vorzeitig; Frau von Meyendorff aus Weimar bringt Grüße von Vater Liszt, drängt Cosima jedoch eine französische Konversation auf – zum Ärger Wagners: «Heftige Laune seinerseits, Kummer meinerseits.» Versöhnlicher Abschluss der Tagebucheintragung: «Graf Krockow schenkt R. einen Leoparden, den er in Afrika erschossen.»[263]

Das ist Bayreuther Alltag: wohlanständiges Familienleben, schlechte Träume, repräsentative Verpflichtungen, viele Reden, diverse Ehrungen, beleidigte Sänger, lästige Besucher, ständige Gereiztheit Wagners mit stillem Kummer Cosimas als Folge. «R. hatte leider eine sehr üble Nacht» – wie oft liest man das in ihren Tagebüchern![264] Die Ursachen sind Unterleibsbeschwerden, die sich als Blähungen und Hämorrhoiden spezifizieren lassen, aber auch Überreiztheiten und Albträume aller Art. Zugleich gibt es den Wagner, der herumalbert, zum Entsetzen seiner auf Etikette bedachten Frau auf dem Sofa Kopf

Richard Wagners Hund Russ, von dem sein Herr einmal träumt, «er habe sich als Löwe entpuppt». Hunde waren seine «lieben, guten Freunde». Im Gelände von Wahnfried tummelten sich außer Russ noch Putz, Marke, Brange und Molly. Die von Hans von Wolzogen erwähnten Frisch, Fricka, Froh und Freia könnten Kinder von Marke und Molly gewesen sein. Am Festspielhaus waren außerdem Fafner und Kunde angesiedelt. Aus früheren Jahren sind bekannt: Rüpel (Magdeburg), zwei schwarze Pudel, die nach Wagners Vorschlag Dreck und Speck heißen sollten (Riga), Robber (Riga und Paris), Peps (Dresden und Zürich), Fips (Zürich), Pohl (Wien und München), Coss (Tribschen).

steht und dem Bildhauer Gustav Adolph Kietz Fratzen schneidet, während seine Büste modelliert wird. Cosima hat festgehalten, wie er mit seinen Kindern spricht: «*Nu, meine Kudsten, bleibt nur da, seid aber hibsch ruhig, das sag ich eich, bedankt eich scheene bei mir, wie sich's geheert.*»[265]

Über das Verhältnis der Eheleute berichtet der Verleger Ludwig Strecker im Festspieljahr 1876: «Den Meister verehrt sie abgöttisch; sie verfolgt ihn fortwährend in all seinen Bewegungen und nimmt ihm fast mit den Augen das Wort von den Lippen – er lohnt ihr dafür durch ausgesuchte und, wie es scheint, von Herzen kommende Galanterie und Aufmerksamkeit. Diesmal war er auch in dem bekannten altdeutschen Kostüm, das ihn nicht gerade verschönt, jedenfalls aber an ihm nicht auffallend wirkt und entschieden bequem sein muß: schwarze, weite Tuchjacke, schwarze Kniehosen, ebensolche Strümpfe und Tuchschuhe. Das von seinen Bildern bekannte Barett trug er in der Hand und legte es neben sich auf einen Stuhl.»[266]

Getreulich referiert Cosima in ihrem Tagebuch, dessen Niederschrift sie einst mit Mathilde Wesendoncks goldener Feder begonnen hat, all die Gespräche über Politik und Weltanschauung, welche Wagner beständig mit hohen und höchsten Besuchern führt; desgleichen berichtet sie über Abende, an denen Homer, Shakespeare, Calderón, Cervantes, Sterne, Scott, Goethe, Schiller, Wilhelm August Schlegel, Schopenhauer, Kleist, E. T. A. Hoffmann, Tieck, Flaubert, Hugo, Gogol, Turgenjew, Hawthorne, George Eliot, Keller und Hebbel gelesen werden.

Bei den regelmäßigen Musikabenden lauscht Wagner gern seinen eigenen Werken – nicht zuletzt in Gestalt von «Tonbildern», die sein bevorzugter Vorspieler, der jüdische Pianist Joseph Rubinstein, aus der *Ring*-Partitur auszieht. Dieses Genre *gibt den Leuten das Wesentliche des Dramas, und zwar alles, soweit es ohne Worte nicht allein interessant, sondern auch verständlich ist*[267]. Da kommt der Musiker zum Vorschein, der in Tönen schwelgt und darauf vertraut, dass sich die Essenz des Mythos immer wieder auch wortlos ausdrücken lasse.

Am 16. Dezember 1874 schlägt Wagner dem Bildhauer Gustav Adolph Kietz, der eine Marmorbüste von ihm geschaffen hat, ein Geschäft vor: «Ich denke, Sie sollten mit Gypsabgüssen etwas verdienen. In diesem Betreff bin ich in einer besonderen Verlegenheit. In der Bahnhofsrestauration von 1. Bayreuth, 2. Neuenmarkt, 3. Lichtenfels, sehe ich immer gewisse kleine niederträchtige Büsten von mir; ich habe den Wirthen gesagt, daß ich mich darüber ärgere, worauf sie mir erklärten, sie möchten gern bessere haben, wenn sie wüßten woher, – worauf ich dann wieder – unüberlegt – ihnen sagte, ich würde dafür sorgen. Jetzt macht mich meine Frau – und zwar mit großem Rechte – darauf aufmerksam, welchen Skandal in unserer schönen Presse mir es zuziehen könnte, wenn man von den Wirthen (schon aus Prahlerei) erführe, ich selbst hätte meine Büsten dort aufgestellt. Andererseits möchte ich dort dem Ärgernisse abgeholfen wissen. Wie wäre es nun, wenn Sie selbst an diese 3 Wirthe schrieben, Sie hätten sich über die schlechten Büsten geärgert, und böten ihnen daher Ihre von mir verfertigte Büste an, und zwar gegen den bloßen Ersatz der Kosten, welche Sie vielleicht, da es mir nur auf eine Täuschung ankommt, so gering wie möglich berechnen können; ich dagegen zahle Ihnen den vollen Preis, für welche Sie Abgüsse verkaufen, aus.»
Martin Geck: Die Bildnisse Richard Wagners. München 1970, S. 47

Rubinstein trägt jedoch auch Präludien und Fugen aus Bachs «Wohltemperiertem Klavier» und Klaviersonaten von Beethoven vor. Wagner liebt außerdem Weber und die traditionelle italienische Musik. *Die Sachen von Chopin verschwinden ihm wie ein schönes Abendrot, geben wohl eine Stimmung, aber kein Sinnen*[268]. Schumann hatte zwar schöne Anlagen, ist jedoch ein *widerwärtiger Stockmusikant*[269]. An Brahms bemerkt Wagner einen *schädlichen muckerischen Einfluß auf den gebildeten Bürgerstand*[270], und Bruckner ist nur *der arme Organist aus Wien*[271], den man als Wagnerianer verfolgt. Sind in Wahnfried Sänger zu Gast, so geht Wagner mit ihnen gern Mozart-Arien durch.

Wahnfried – das ist Wagners Alterssitz und eines Herrschers der Tonkunst würdig. *In der Halle*, so berichtet Wagner König Ludwig, der den Prachtbau finanziert hat, *herrscht der Marmor, d. h. die sechs Zumbusch'schen Statuen, welche einst mein huldreicher Gönner mir schenkte, sowie meiner Frau und meine eigene Marmorbüste. Unter der Gallerie zieht sich ein Fries auf Goldgrund mit einem skandinavischen Schlangenmotiv hin, welcher die*

*Echter'schen Gemälde zu dem Ringe des Nibelungen einschliesst, dieselben, die mein erhabener Freund einst für mich nach den Fresken des Ganges in der Residenz anfertigen liess.*[272]

Seit man im April 1874 eingezogen ist, ist die für Wagner ohnehin charakteristische Verbindung von Komfort und Krise alltäglich spürbar. Zur Unterhaltung des Anwesens bedarf es eines ganzen Hofstaats mit Diener, Kammerjungfer, Gärtner, Hausmeister, Stubenmädchen, Köchin und Gouvernante. Cosima hätte es gern einfacher: «Gestern kroch eine große Spinne aus seinem Bette, am Morgen! Nun, sie kann uns nichts bringen, alle Sorge ist schon da.»[273] Oft weiß sie nicht, woher sie die 15 000 Mark Haushaltskosten im Vierteljahr hernehmen soll, die sie zum Beispiel im Jahr 1877 errechnet. Doch

Villa Wahnfried. Farbaquarell von Susanne Schinkel, 1880

Wagner hat schon in der Zeit des Pariser *Tannhäuser* geträumt, dass ihm Fürstin Pauline von Metternich und Madame Marie von Kalergis *eine vollständige Hofhaltung einrichteten, zu welcher auch der Kaiser Napoleon von mir eingeladen wurde*[274], und so ähnlich will er es jetzt wirklich haben.

Auch mit solchen persönlichen Ansprüchen auf der Zielgeraden angekommen, wirft er sich dem Zeitgeist an den Hals – demjenigen der Gründerjahre. Es ist mehr als das anarchische, fast kindische Luxusbedürfnis von ehedem, nämlich der Wunsch nach dem eigenen Walhall – jener «festen Burg», die er als Luther-Choral gerade im *Kaisermarsch* beschworen hat. Und mehr als das: Auch die *Götterdämmerung*, mit deren Instrumentierung er im Jahr seines Einzugs in Wahnfried fertig wird, hat etwas von jener gründerzeitlichen Schwere, die den drei vorangegangenen Teilen des *Rings* fehlte.

Das liegt einerseits in der Tendenz seines inzwischen fast ein Vierteljahrhundert alten Sujets, in dem der Weg vom Mythos übers Märchen in die reale Intrigenwelt des Gibichungen-Hofs von Anfang an vorgesehen war. Es ist andererseits in Wagners Kompositionsweise begründet; denn je mehr Leitmotive im Verlauf der Handlung zum Vorschein gekommen sind, desto größerer Kunst bedarf es, sie im Schlussstück des *Rings* in einem komplizierten musikalischen Gefüge präsent zu halten: Der Satz wirkt gelegentlich überladen – für Nietzsche geradezu «verworren» und «wild wie ein schlechter Traum».[275]

Indem Wagner in der *Götterdämmerung* vom Ende der bürgerlichen Gesellschaft erzählt, wird er zu deren Teil. Die Einlassung seines Wiener Kritikers Eduard Schelle, er verfolge «ideelle Spekulationen in einer Zeit, da die Börsenspekulation die Welt regiert»[276], ist ein zweischneidiges Lob: Der gründerzeitliche Geist der Spekulation und des Nicht-genug-kriegen-Könnens überstrahlt inzwischen nicht nur Wagners Leben, sondern auch das Ende des *Rings*. Ist es Zufall, dass er in der Schlussszene der *Götterdämmerung* die im Zürcher Exil gedichteten Zeilen *Nicht Gut, nicht Gold, noch göttliche Pracht; nicht Haus, nicht Hof, noch herrischer Prunk; nicht trüber Verträge trügender Bund, nicht heuchelnder Sitte hartes Gesetz: Selig in Lust und*

*Leid läßt – die Liebe nur sein* am Ende unvertont lässt? Ist ihm inzwischen nicht nur die Macht der Liebe suspekt, sondern auch ein allzu deutlicher Hinweis auf die Verderblichkeit von Haus, Hof und herrischem Prunk peinlich geworden?

Doch was nützt ein solcher Widerruf! So groß Wagner in der Kunst ist, den Zuhörern ihren eigenen Untergang lustvollschaurig auszumalen, so souverän er die ihm verfügbaren kompositorischen Mittel dafür einsetzt: Der *Ring* b e s c h r e i b t nicht nur das Fin de Siècle, sondern demonstriert es an sich selbst. Wagner kann sich zwar mit dem *Ring* als nationalem Jahrhundertwerk feiern lassen, wie es schon vor der Bayreuther Erstaufführung allerorten geschieht, jedoch nicht mehr mit ihm froh werden: Längst ist dem Werk die antikapitalistische Spitze abhanden gekommen. Mag der Gedanke, der Schöpfer habe sich an der Akkumulation kompositorischen Komforts zuletzt selbst überfressen, vielleicht spitzfindig klingen, so ist zumindest unübersehbar, dass Wagner sich für die Aufführung des *Rings* verkaufen muss.

Das aber geschieht unter ständigen Krisen, die er nicht als hausgemacht oder systembedingt erlebt, sondern nach alter Gewohnheit auf eine feindliche Umwelt zurückführt. Obwohl er es doch verdient hätte, *zu Aischylos' Zeiten die Welt* zu *beglücken*[277], muss er mit der kleinen verschworenen Bayreuther Gemeinschaft gegen den Rest der Welt kämpfen – als da sind: Krankheiten und Verstimmungen, untaugliche Dienstboten, ungeduldige Gläubiger, raffgierige Agenten, indolentes Publikum, lästige Besucher, ahnungslose Sänger, geschmacklose Bühnenbildner, niederträchtige Presse, unfähige Politiker usw. usw. Der Weltuntergang wird zur lokalen Katastrophe für Bayreuth umgedeutet und als solche heldenmütig bekämpft. *Wir Bayreuther mit unseren Ideen werden sehr einsam bleiben*, sagt er noch in der *Parsifal*-Zeit.[278]

Dieser Kampf hat zwei Seiten. ‹Außenpolitisch› geht es um Werbefeldzüge für die eigene Sache, wie sie vor allem im Winterhalbjahr 1872/73 und im ersten Halbjahr 1875 stattfinden. Der Zeitgeist ist günstig, denn das neue deutsche Kaiserreich braucht in allen Bereichen nationale Symbole – auch in der Musik. Da ist ein imposanter Bühnenzyklus, welcher von germanischer Urgeschichte handelt, hoch willkommen; und offenbar sieht man gern darüber hinweg, dass in Wagners *Ring* all die Tugenden, auf die man bauen möchte, einem unaufhaltsamen Verfall ausgesetzt sind. Denn der *Ring* ist nicht die «Buddenbrooks» – seine Musik reißt alles wieder heraus.

Man weiß nicht, was sich Reichskanzler Bismarck denkt, als er Wagner 1871 in Berlin empfängt, oder das frisch gekrönte Kaiserpaar, als es daselbst dem *Kaisermarsch* Beifall klatscht, oder der zweiundsiebzigjährige Generalfeldmarschall Helmuth von Moltke, als er Wagner im Hause des preußischen Hausministers Alexander von Schleinitz und seiner unermüdlich für den *Ring* kämpfenden Gattin Marie die *Götterdämmerung* rezitieren hört. Und was verstehen der Maler Adolph von Menzel, der Physiker Hermann Helmholtz oder der Historiker Theodor Mommsen von der Sache, die ihnen Wagner persönlich nahe bringen will? Eines ist sicher: So sehr manche Kritiker vor der Gefahr Wagner warnen – in der guten Gesellschaft hat er es geschafft; man muss nur die defensiven Kommentare in den Romanen des Skeptikers Theodor Fontane lesen.

Geht er auf Reisen, so ist Cosima stets dabei, während sich die Kinder gelegentlich in der Obhut von Nietzsches Schwester Elisabeth befinden. Fast überall empfangen ihn Jubel, Lorbeerkränze und Spruchbänder. Auf der anderen Seite quälen ausufernde Bankette oder schlechte Orchester. Und manchmal kann ihm auch ein ehemaliger Weggefährte wie Georg von Herwegh eine «üble Nacht» bereiten[279], indem er in seinem typischen Bänkelsängerton öffentlich über Wagners Buhlen um das Kaiserhaus spottet:

«Viel Gnade gefunden hat Dein Spiel
beim gnädigen Landesvater;
nur läßt ihm der Bau des Reichs nicht viel
mehr übrig für dein Theater. […]
Ertrage heroisch dies Mißgeschick
und mache Dir klar, mein Bester,
die einzig wahre Zukunftsmusik
ist schließlich doch Krupps Orchester.»[280]

Richard Wagner und Cosima in Wien 1872.
Am 9. September 1875 schreibt Cosima in ihr Tagebuch:
«Nachts höre ich die leise Stimme R.'s flüstern: ‹Du liebes
Weib, das einzige, was ich habe, das einzige Wesen,
welches mich verstand und meiner sich erbarmte.›»

Doch Wagner gefällt sich als «Retter der deutschen Kunst». In einem Essay über *Das Bühnenfestspielhaus zu Bayreuth* beklagt er in nebulösen Worten, *daß die kürzlich gewonnenen ungeheueren Erfolge der deutschen Politik nicht das Geringste vermochten, den Sinn und den Geschmack der Deutschen von einem blöden Bedürfnisse der Nachahmung des ausländischen Geschmakkes abzulenken,* um danach das «Reich» *zur Theilnahme an unserem Werke* einzuladen.[281] *Bismarck hat Deutschland,* er selbst *ein deutsches Theater geschaffen,* teilt er Cosima selbstbewusst mit.[282]

Seine Reisen durchs Reich dienen jedoch nicht nur der Werbung für die Bayreuther Sache, sondern auch der Auswahl geeigneter Sängerinnen und Sänger. Ideal wären solche vom Typus einer Schröder-Devrient, eines Tichatscheck und eines Schnorr von Carolsfeld – Interpreten, die ganz in ihrer Rolle aufgehen, anstatt nur ihr Stimmmaterial über die Bühnenrampe zu bringen. Im Grund seines Herzens schweben ihm antike Tragöden vor, die zugleich gut singen können. Immerhin ist sein Bayreuther Unternehmen inzwischen so bekannt, dass sich laufend Stimmvirtuosen aus freien Stücken vorstellen. Gagen bietet Bayreuth nicht, sondern nur Entschädigungen: Wer *nicht aus Ehre und Enthusiasmus zu mir kommt, den lasse ich wo er ist*[283].

Damit sind wir bei der ‹Innenpolitik› und den Finanzen. In den Jahren der Festspielvorbereitung wird Wagners Bayreuth je länger je mehr zum Wirtschaftsunternehmen. Seit 1872 gibt es einen Verwaltungsrat, der mit Lokalgrößen besetzt ist: dem Bürgermeister Theodor Muncker, dem Bankier Friedrich Feustel und den Advokaten Adolph von Gross und F. Kaefferlein. Während der Musikalienhändler Emil Heckel von Mannheim aus die örtlichen Richard-Wagner-Vereine zu gesteigerten Aktivitäten animiert, ist Karl Brandt als Ingenieur und Bühnenmeister ein ruhender Pol im technischen Betrieb.

Auch die Umsicht kaufmännisch orientierter Männer kann an der permanent kritischen Finanzsituation nichts ändern. Die Einnahmen aus dem Verkauf von Patronatsscheinen fließen zunächst so spärlich, dass der Bau des Festspielhauses ins Stocken gerät und nur durch einen von Ludwig II. gewährten Zwischenkredit in Höhe von 100 000 Talern fortgesetzt werden kann. Selbst die Proben des Jahrs 1876 sind gefährdet, da den täglichen Kosten von 2000 Mark keine adäquaten Einnahmen gegenüberstehen. Nachdem die ursprünglich veranschlagten Erlöse aus Patronatsscheinen, Kartenverkauf etc. schließlich doch eingegangen sind, stehen ihnen um ein Drittel höhere Ausgaben gegenüber: Wagner muss zwei Jahre zittern, ehe ihm der König noch einmal aushilft.

Die künstlerischen Vorbereitungen des ersten Bayreuther *Rings* beginnen im November 1873 mit der Auswahl eines Dekorationsmalers. Dass Wagner Arnold Böcklin für den *Ring* nicht im Auge hat und danach für *Parsifal* nicht gewinnen kann, ist für Bayreuth ein kleines Verhängnis gewesen: Während der Maler der «Toteninsel» mit seinem zwischen Romantik und Symbolismus angesiedelten Stil den Tiefendimensionen von *Ring* und *Parsifal* hätte gerecht werden können, treiben Josef Hoffmann als Bühnenmaler und Carl Emil Doepler als Kostümbildner Wagner in einen Historienstil, den er sich mangels eigener Visionen trotz aller Bedenken zu Eigen machen muss. Das unselige Germanenbild, das Freund und Feind mit dem *Ring* verbinden, hat seinen Ursprung weniger in der Musik als in der Ausstattung.

Gleichwohl fällt dieses Bild auf einen Wagner zurück, der längst von der anarchischen Vorstellung abgekommen ist, für seinen *Siegfried* genüge ein provisorisches Shakespeare-Theater, das man nach drei, vier Vorstellungen wieder abreißen könne. Auch hier ist er vom Zeitgeist eingeholt worden – wenn auch nolens volens: *Sehen sie nicht zu viel hin! Hören Sie zu!*, empfiehlt er seiner Vertrauten Malwida von Meysenbug während der ersten Festspiele.[284] Das ist wohl nicht nur die Reaktion auf aktuelle Pannen, sondern auch ein Schimmer der Ahnung davon, dass Musik – die flüchtigste aller Künste – auch im musikalischen Drama einem Bilderverbot unterliege, jedenfalls keine platte Übersetzung ins optische Medium vertrage.

Dennoch spielt das Szenische bei den Vorbereitungen eine große Rolle. Gleich im *Rheingold* wird mit Hilfe Brandts modernste Bühnentechnik erprobt: Die Darstellerinnen der Rheintöchter werden bäuchlings auf Schwimmwagen festgeschnallt und von Helfern – unter ihnen der spätere Stardirigent Felix Mottl – im Einklang mit der Musik auf und ab bewegt. Wagner betätigt sich selbst als Regisseur, turnt trotz eines üblen Zahngeschwürs «wie eine Gemse» auf der Bühne herum, kümmert sich um alles und jedes und ist doch selten zufrieden. Von einer *Siegfried*-Probe berichtet der Verleger Ludwig Strecker: «Wagner anfangs rasend, warum weiß ich nicht. Schrie, lief mit geballten Fäusten herum, stampfte mit den Füßen etc. Dann sofort wieder besänftigt, macht er Ulk, nahm Siegfrieds daliegendes Horn, hielt es vor den Kopf und rannte dem eben ankommenden Professor Doepler damit vor den Bauch.»[285]

Pannen gibt es genug: So kommt der eigens in London gefertigte Drache Fafner ohne Halsstück an, sodass der Kopf unmittelbar auf den Rumpf montiert werden muss. Überhaupt will vieles nicht nach den Vorstellungen Wagners gelingen: «Immer tiefere Einsicht in die Unvollkommenheit der Darstellung!! So weit wird die Ausführung vom Werk zurück bleiben, wie das Werk unsrer Zeit fern ist», notiert Cosima knapp drei Wochen vor der Premiere.[286] Und zwei Tage später: «Die Kostüme erinnern durchweg an Indianer-Häuptlinge und haben neben dem ethnographischen Unsinn noch den Stempel der Kleinen-Theater-Geschmacklosigkeit! […] R. hat mit dem Wotans-Hut viel Not; es ist ein vollständiger Musketier-Hut!»[287]

Nietzsche, der den Proben unter quälenden Kopfschmerzen beiwohnt, verkörpert Wagners schlechtes Gewissen, wenn er seine Erfahrungen in die Worte fasst: «Ich bin wesentlich antitheatralisch geartet, ich habe gegen das Theater, diese Massen-Kunst per excellence, den tiefen Hohn auf dem Grunde meiner Seele, den jeder Artist heute hat.»[288]

Doch die Idee des musikalischen Dramas oder gar des Gesamtkunstwerks fordert nun einmal Zugeständnisse – vor allem auf Seiten der Musik. Sie beginnen beim verdeckten Orchester, das bei der Planung des Festspielhauses von vornherein mitbedacht und mit seither verbesserter Akustik bis heute seine Attraktion ist. Einerseits ermöglicht es einen homogenen Gesamtklang, von dem die Stimmen der Sängerinnen und Sänger getragen, jedoch nicht zugedeckt werden; in diesem Sinne gehorcht es dem Dirigenten wie ein Instrument.

Andererseits bemerkt Camille Saint-Saëns schon anlässlich der Aufführungen von 1876: «Viele interessante Details verflüchtigen sich in dem großen Orchesterraum, dem Riesenschlund, der wie Fafner die Bühne bewacht.»[289] Vor allem die im extrem tief gelegenen Rückraum postierten Bläser sind ohne Kontakt zur Bühne und ganz dem Dirigenten ausgeliefert. Demgemäß hat Richard Strauss einmal bemerkt, Wagner sei es «mehr um das Drama und sein In-Erscheinung-treten» als um «sein Orchester» gegangen».[290] Indessen hat ein Dirigent wie Pierre Boulez vorgeführt, was man sowohl strukturell als auch farblich aus dem Bayreuther Orchestergraben herausholen kann – speziell beim *Parsifal*, der freilich als einziges Bühnenwerk Wagners von den Bayreuther Verhältnissen uneingeschränkt profitiert. Apropos Festspielorchester: Es ist wohl das erste professionelle Orchester seiner Art, in dem Musiker aus dem ganzen Land zusammenwirken.

Bereits im Mai 1874 fragt Wagner seinen Schüler und präsumtiven Dirigenten Hans Richter: *Können Sie – von spätestens Mai an – nur für 3 Monate sich gänzlich zur Verfügung stellen? Das ist die Frage. Zu thun hätten Sie folgendes: 1. Namentlich das Frauen-Personal, welches ich nach so langer Zeit fast gänzlich aus den Augen verloren habe, von Ort zu Ort zu bereisen, nochmals oder neuerdings prüfen, mir Rapporte abstatten, correspondiren u.s.w. 2. Die Blasinstrumentisten des Orchesters mit mir auswählen u. engagiren (ebenfalls mit Reisen verbunden). Auch mit [dem Konzertmeister] Wilhelmj ernstlich u. entscheidend die Streichinstrumente in Ordnung bringen. 3. Die Sänger, welche ich bereits diesen Sommer einzeln zu mir bescheiden muß, mit mir zu überhören u. überhaupt vernehmen.*[291]

Zu diesem Zeitpunkt sind die musikalischen Vorbereitungen somit in vollem Gange. Als Notenkopisten und musikalische Assistenten wirbt Wagner junge Leute an, die sich in der so genannten Nibelungen-Kanzlei ihre ersten Sporen verdienen. Im Lauf der Jahre werden unter ihnen so bekannte Namen wie Hermann Zumpe, Anton Seidl, Felix Mottl und Engelbert Humperdinck auftauchen. Nachdem die Vokalbesetzung des *Rings* gegen Ende des Jahres 1874 im Wesentlichen festliegt, können im Sommer 1875 die Vorproben und von Juni bis August 1876 drei Hauptproben stattfinden. Am 6. August beginnen die Generalproben, zu denen auch Ludwig II. erscheint: Zu mitternächtlicher Stunde hält sein Zug mit drei Salon- und zwei Versorgungswagen an einem Wärterhäuschen; die königliche Equipage fährt vor, um den König und Wagner aufzunehmen und nach Schloss Eremitage zu bringen.

Wagner verbringt die vier Abende der Generalprobe an der Seite des Königs, der vor den Premieren abreist, um einer Begegnung mit anderen hohen Herrschaften aus dem Weg zu gehen, zur stilleren dritten und letzten Aufführung jedoch noch einmal zurückkehrt. Wagner kann derweilen weniger öffentlichkeitsscheue Fürstlichkeiten begrüßen: den deutschen Kaiser, den Kaiser von Brasilien sowie Großherzöge, Grafen und Minister zuhauf. Kaiser Wilhelm spricht von einem «Nationalfest»[292], entschuldigt sich jedoch schon nach der *Walküre* mit Manövern und strauchelt beim Abschied so heftig, dass Wagner angeblich um das Leben des fast Achtzigjährigen fürchtet.

Die Premiere des *Rheingold* am 13. August 1876 leidet unter vielen technischen Pannen, die drei übrigen Abende gelingen szenisch besser, machen in Einzelheiten sogar Sensation. Musikalisch ist Wagner weitgehend zufrieden, kann jedoch schon deshalb keinen wirklichen Genuss empfinden, weil sich die gesellschaftlichen Verpflichtungen häufen. So feiert er am 18. August in der großen Festspielrestauration mit 700 Menschen, am nächsten Abend bewirtet er 200 Gäste in Wahnfried. Erstaunen weckt, dass ihn kleinere Zwischenfälle wie Eitelkeiten von Künstlern rasch außer Fassung bringen; sympathisch berührt hingegen, dass er den aus Weimar angereisten Liszt als einen Mann feiert, ohne den man heute von ihm selbst nichts wüsste. Im persönlichen Verkehr mit Liszt überwiegt freilich die Eifersucht: Wehe, wenn Cosima ihrem Vater zu viel Aufmerksamkeit schenkt!

Richard Wagner auf der Bühne des Festspielhauses anlässlich der Vorproben im August 1875. Hans Richter dirigiert, Wagner, die Partitur vor Augen, geht leidenschaftlich mit.
Kreidezeichnung von Adolph von Menzel, den Richard und Cosima Wagner einige Monate zuvor in seinem Berliner Atelier besucht hatten. Wesentlich enger waren sie mit dem Münchner Maler Franz von Lenbach befreundet.

Das Publikum, zum großen Teil aus Wagnerianern des In- und Auslands bestehend und durch die allgemeine Fest- und Feierstimmung animiert, reagiert meistenteils mit Jubel. Komponisten so unterschiedlicher Couleur wie Saint-Saëns, Tschaikowsky, Grieg und Bruckner sind nicht weniger fasziniert. Auch wer für Bühnensensationen keinen Sinn hat, kann sich der Suggestionskraft von Musik und Szene und den meistenteils großartigen sängerischen Leistungen augenscheinlich nicht entziehen. Jedenfalls gibt es bis dato kein Unternehmen, das in vergleichbarer Weise künstlerische Energien freigesetzt hätte, wie sie sich in Wagners Person mehr als ein Vierteljahrhundert lang angesammelt haben!

«Der Ring bleibt mir der Inbegriff des Werkes. Wagner war, im Gegensatz zu Goethe, ein Mann des Werkes ganz und gar, ein Macht-, Welt- und Erfolgsmensch durch und durch.»[293] Das schreibt Thomas Mann über einen Künstler, von dem es neun Tage nach der letzten Vorstellung in Cosimas Tagebuch heißt: «R. ist sehr traurig, sagt, er möchte sterben!»[294] Das ist zunächst einmal die Spontanreaktion auf ein vielleicht allzu selbstkritisches Resümee – die tödliche Verzweiflung des Künstlers, der sich nicht vollkommen darstellen konnte. Zugleich ist es die Wut des Ideenschöpfers angesichts der unendlich vielen Unwägbarkeiten, welche die angestrebte Verschmelzung des «realistischen Styls der Shakespeare'schen mit dem idealistischen der antiken Tragödie» nicht zulassen.[295]

Was weiterhin auf dem Spiel steht, erhellt ein nachgelassenes Fragment Nietzsches, das von der Utopie «Bayreuther Sommer» als «Vereinigung aller wirklich lebender Menschen» handelt: «Künstler bringen ihre Kunst heran, Schriftsteller ih-re Werke zum Vortrage, Reformatoren ihre neuen Ideen. Ein allgemeines Bad der Seelen soll es sein: dort erwacht der Genius.»[296] Stattdessen sind es Wagner-Festspiele geworden, die wenig vom Enthusiasmus der alten Griechen spiegeln, den sich der Autor von *Kunst und Revolution* einstmals zum Vorbild genommen hat, um von Tragödien als religiösen Feiern und *Ausdruck des Tiefsten und Edelsten des Volksbewußtseins* zu schwärmen. Nun empfängt er Kaiser und König, lässt auf Drängen des Verwaltungsrats das Volk nur gegen Eintrittskarten ein und wird von Karl Marx, der dem «Bayreuther Narrenfest» auf einer Durchreise nur mühsam entkommt, als «Staatsmusikant» verspottet.[297]

Ein Gast, der um Bayreuth keinen Bogen macht, vielmehr geradewegs zu Wagners Herzen vordingt, ist Judith Gautier, inzwischen von ihrem Mann geschieden, jedoch unverändert schriftstellerisch tätig. *Chère*, schreibt Wagner in einem Briefchen, das wohl der Bader Bernhard Schnappauf als Postillon d'amour besorgt, *Ich bin traurig! heute Abend ist noch ein Empfang aber ich gehe nicht hin! Ich lese einige Zeilen in «Mein Leben», die ich*

Judith Gautier. Fotografie von Nadar, 1875.
In diesen Jahren sprach Wagner gegenüber Cosima einmal neidvoll von seinem Schwiegervater Liszt, «der nichts zu tun brauche, bloß dazusein, und er risse die Frauen hin»: «unsereiner muß immer erhaben sein!»

*früher einmal Cosima diktiert habe! Sie opfert sich den Gewohnheiten ihres Vaters, – leider! Sollte ich Sie heute Morgen zum letzten Mal umarmt haben? Nein! – ich werde Sie wiedersehen – ich will es, weil ich Sie liebe! – Adieu – Seien Sie gut zu mir.*[298]

Wagner braucht solche Stimulanzien, die ihm Cosima nicht zu geben vermag, und bestellt in der Folgezeit bei der Angebeteten in Paris feine Stoffe, Kosmetika und Parfum. Eineinhalb Jahre später scheint Cosima Teile des Briefwechsels zu Gesicht bekommen zu haben, der auf Seiten Wagners durchaus leidenschaftlich geführt wird. «Das Leid, vor welchem mir bangte, blieb nicht aus; von außen brach es herein! Gott helfe mir! ... Schmerz, du mein alter Geselle, kehre nun wieder ein und wohne bei mir»[299], schreibt sie am 12. Februar in ihr Tagebuch. Zwei Tage zuvor hatte Wagner Judith Gautier bereits gebeten, den Briefwechsel künftig über seine Frau laufen zu lassen. So geschieht es denn auch – als wäre nichts gewesen. Als Cosima die Konkurrentin jedoch bei einem späteren Besuch in Wahnfried «in großem, ziemlich freien Aufputz» mit Wagner am Klavier findet[300], wird ihre Toleranz noch einmal auf eine harte Probe gestellt.

Wenn Wagner in der Folgezeit an den Bayreuther *Ring* denkt, geschieht dies meist in «bitterster Stimmung» über das «Mißglücken seiner Bayreuther Pläne».[301] Er träumt eines Nachts von einer Aufführung des *Rings* vor lauter Toten, und ihn graust vor einer Konzertreise nach London, wo er im Mai 1877 achtmal in der Albert Hall dirigieren soll – nur um Bayreuther Schulden abzutragen: «Er mag nichts mehr mit der Öffentlichkeit zu tun haben, wenn nur London absolviert ist; dann verkauft er das Nibelungenwerk überall, dessen Bruchstücke doch jetzt in jedem Konzerte zum besten gegeben werden, und gedenkt nie mehr eines Theaters.»[302] Überhaupt stößt ihn der Zeitgeist ab. In London bemerkt er angesichts der Hafenanlagen: *Der Traum Alberich's ist hier erfüllt, Nibelheim, Weltherrschaft, Tätigkeit, Arbeit, überall der Druck des Dampfes und Nebel.*[303]

Faszinierend zu beobachten, dass er dennoch nicht aufgibt und mit *Parsifal* ein Werk in Angriff nimmt, das schon seit

1865 als Krönung seines Schaffens vorgesehen ist und nunmehr als der überhaupt einzig passende Schlussstein erscheint. Ist das *Bühnenfestspiel*, wie Wagner den *Ring* genannt hat, im weltlichen Treiben untergegangen, so soll das neue *Bühnenweihfestspiel* auf die Höhe eines sakralen Kunstwerks gehoben werden. Außerdem soll es Bayreuth vorbehalten bleiben und von Eintrittsgeldern unabhängig sein. Wirklich gelingt es Wagner, die Idee einer Stipendienstiftung, die auch Unbemittelten den Zugang erlauben soll, in die Tat umzusetzen.

Doch solche Formalien sind nichts gegen die Konsequenz, mit der Wagner im *Parsifal* gedanklich weitergeht und abschließt. Von ihm aus gesehen ist diese letzte Volte nur konsequent: Schon in *Tannhäuser* und noch mehr in *Tristan und Isolde* lässt er das Gegenbild eines Helden ahnen, der sich nicht vom eigenen Begehren durchs Dasein treiben lässt, sondern rechtzeitig Entsagung übt und dadurch zum Mitleiden fähig wird. Zwar hätte dieser Gedanke auch in den *Siegern*, einem am Buddhismus orientierten Sujet, Gestalt gewinnen können; gleichwohl ist die Wendung zum Christlichen früh vorgezeichnet: Schon in dem *Nibelungen*-Aufsatz von 1848 gibt es die Kapitelüberschrift *Aufgehen des idealen Inhaltes des Hortes in den «heiligen Gral»*[304]. Und noch in seinen letzten Lebenstagen bestätigt Wagner, dass sich im *Parsifal* die Burg Walhall zum Gralstempel gewandelt habe.

Es ist somit kein Zufall, dass er zwar Gedankengänge der nicht komponierten buddhistischen *Sieger* in den *Parsifal* übernimmt, diesen aber mit aussagekräftigen christlichen Symbolen – Brot, Wein, Abendmahl, Lanze, Taube – ausstattet und die Handlung gemäß seinen Vorlagen im christlichen Mittelalter ansiedelt: D a s ist seine Welt – christlicher Ritus vor germanischem oder arischem Hintergrund. Und endlich die frohe Botschaft: Nach dem Scheitern einer von Machtgier beherrschten und auch durch geschlechtliche Liebe nicht zu rettenden Welt nun endlich *Erlösung dem Erlöser*.

Blieb es im *Ring* bei der «Anamnese» des verhängnisvollen Zustandes[305], so folgt nunmehr das Heilsversprechen. Schon der Gang des Vorspiels, den Hörern expressis verbis als

Folge von Liebe, Glaube und Hoffnung vorgestellt, ist wie eine Katechese: Wagner selbst meint, «er habe die Themen wie der Prediger seine Stellen aus der Bibel neben einander gestellt»[306]. Und weiter: *Der Weg von der Religion zur Kunst ist schlecht, der von der Kunst zur Religion gut.*[307] Während in Wagners bisherigen Musikdramen alles auf den Tod zusteuert, tritt Parsifal, nachdem er durch Entsagung hellsichtig und durch Mitleid wissend geworden ist, in ein zwar schemenhaftes, aber ‹irgendwie› irdisches Dasein ein – endlich ohne jede Störung durch Frauen, welche eine hermetisch auf sich bezogene Männergesellschaft durch den nährenden Gral ersetzt.

Wagner ist intensiver Gedankenarbeit nicht aus dem Weg gegangen: Er hat in den verschiedenen Stadien der *Parsifal*-Genese mittelalterliche «Parzival»-Epen studiert, über den Buddhismus meditiert, den Münchner Pater Petrus Hamp «über das Gegenständliche in der katholischen Messe» ausgefragt[308] und schließlich August Friedrich Gfrörers Studien zum Urchristentum gelesen – einschließlich deren Ausführungen zur jüdischen Mystik und Theosophie. Genügt das zur Beglaubigung der *Parsifal*-Konzeption? Kann man gar in linker Tradition von einer «Ästhetisierung der Revolution» sprechen und Parsifal als einen erfolgreicheren Siegfried verstehen – nämlich als einen, «der das Schicksal menschlicher Freiheit verkörpern soll, aber nicht zugrunde geht am Fluch irgendeines Alberich»[309]?

Mögliche Antworten folgen im Schlusskapitel; hier geht es zunächst um die Werkgenese. Schon ein halbes Jahr nach Ende der ersten Festspiele revidiert Wagner den Prosaentwurf des *Parzival* aus dem Jahr 1865, ändert den Namen des Titelhelden in *Parsifal* und verfasst danach die Dichtung. Für die Komposition braucht er über vier Jahre: Zwischen September 1877 und April 1879 schreibt Wagner fast synchron den ersten und zweiten Gesamtentwurf nieder; von August 1879 bis Januar 1882 folgt die Instrumentation. Er kann nur stundenweise komponieren und muss sich immer wieder zur Arbeit zwingen – nicht weil es ihm an Einfällen fehlte, sondern weil er inzwischen in solchem Maß aus dem Vollen schöpfen kann, dass die Entscheidung für eine bestimmte Lösung schwer fällt. Den Schluss des *Parsifal* hat er sich *wohl 30 bis 40 Mal vorgehalten.*[310]

Glücksgefühle über besonders gelungene Stellen – etwa *das Aushalten der Klarinette nach der Geige* – und Klagen über die Mühsal der täglichen Arbeit wechseln einander ab.[311] Wie immer steht das Kolorit des neuen Werks vorab vollständig vor seiner Seele: «Da sei nichts möglich gewesen von einer gewissen Sentimentalität; es sei zwar nicht kirchlich, habe auch eine göttliche Wildheit, aber das affektvoll Sensitive des Tristan und auch der Nibelungen ging gar nicht», teilt er Cosima mit – und weiter: *Du wirst sehen, die kleine Septime war nicht möglich!*[312]

Dann geht es an die Vorbereitung der Aufführung. *Ach! es graut mir vor allem Kostüm- und Schminke-Wesen; wenn ich daran denke, daß diese Gestalten wie Kundry nun sollen gemummt werden, fallen mir gleich die ekelhaften Künstlerfeste ein, und nachdem ich das unsichtbare Orchester geschaffen, möchte ich auch das unsichtbare Theater erfinden!* So hat er schon im Vorfeld geseufzt[313], und als *es Ernst wird*, graust ihm vor der Klärung technischer Fragen – wie etwa Parsifals Speer mit Drähten in der Luft gehalten werden könne, während *bis jetzt nur seine Seele uns gegenwärtig war.*[314] Gleichwohl kämpft er unermüdlich für eine musikalisch wie szenisch überzeugende Aufführung und geht auch bei der Auswahl der Sänger keine Kompromisse ein: *Wenn eine der Blumen-Sopranistinnen das hohe b nicht leicht und zart nehmen kann, – fort!*[315]

Weil er mit der musikalischen Gesamtleitung des *Rings* durch Hans Richter nicht ganz zufrieden gewesen ist, setzt Wagner diesmal auf Hermann Levi – eine heikle Sache: Einerseits gibt es keinen besseren als den Münchner Hofkapellmeister, zumal dieser das vor allem aus seinen eigenen Musikern bestehende Ensemble bestens kennt. Andererseits scheint es Wagner zunächst undenkbar, ausgerechnet den *Parsifal* vom Sohn eines Oberrabbiners dirigieren zu lassen.

Es gehört zu Wagners unangenehmen Zügen, dass er den Konflikt nicht mit sich abmacht, sondern am sensiblen Levi abreagiert: Dieser soll sich taufen lassen oder wenigstens vor

Demut nur noch gebückt herumlaufen. Zu einem Eklat kommt es, als Wagner seinen Dirigenten bei Tisch mit einem gemeinen anonymen Brief konfrontiert, worauf dieser verletzt abreist und für die Aufgabe neu gewonnen werden muss. Letzteres gelingt zur Freude Ludwigs II., der Wagner wissen lässt: «Nichts ist widerlicher, unerquicklicher, als solche Streitigkeiten; die Menschen sind ja im Grunde doch alle Brüder, trotz der confessionellen Unterschiede.»[316] Da muss der Meister dann doch noch einmal nachkarten und den König vor Verharmlosungen warnen.

Älter und nicht gesünder geworden, verbringt er fast das ganze Jahr 1880 in Italien, wo freilich die Arbeit am *Parsifal* nicht ruht: Er empfängt in Neapel den Bühnenbildner Paul von Joukowsky, erhält in Ravello Anregungen für die szenische Gestaltung von Klingsors Zaubergarten und im Dom von Siena solche für den Gralstempel. Zurück in Deutschland,

Klingsors Zaubergarten aus «Parsifal». Ölbild von Max Brückner nach einem Entwurf von Paul von Joukowsky: Wie viel Malerisches verträgt die Szene?

nimmt er im Mai 1881 an einer Berliner Aufführung des *Rings* teil, verlässt jedoch zum Entsetzen der Anwesenden ostentativ die Bühne, als der Impresario Angelo Neumann am Ende der Vorstellungen nicht ihm, sondern den anwesenden Mitgliedern des Kaiserhauses als Erstes seine Reverenz erweist. Damals ist Wagner in Begleitung des französischen Rasse-Ideologen Arthur Graf von Gobineau, von dessen arischem Chauvinismus er sich allerdings distanziert – trotz aller Sympathie im Grundsätzlichen.

Für das Gelingen eines zweiten Italienaufenthalts im Winterhalbjahr 1881/82 trifft Ludwig II. ausdrückliche Vorsorge: In einem chiffrierten Telegramm ersucht er den Präfekten von Palermo, «mittelst Specialdienst Bewachung und Schutz für Wagners Person in der Stadt, sowie weiter anzuordnen, daß im Falle beabsichtigter Ausflüge in die Provinz und außerhalb derselben genügende Begleitung zu seiner Verfügung stehe»[317]. Den also Eskortierten besucht im Januar 1882 ein linkischer junger französischer Maler namens Auguste Renoir, dem Wagner tatsächlich 35 Minuten sitzt. Ergebnis ist ein Bild, das formal nicht gerade geglückt ist, jedoch Züge Wagners zeigt, von denen wir sonst nichts wüssten. Der Komponist selbst war *für saubere – nicht klecksende Malerei* wie den «Zinsgroschen» von Tizian.[318]

Im Sommer 1882 ist es dann so weit: Nach Bühnenproben, die ausführlicher und vor allem planmäßiger als beim *Ring* ausfallen und in einem Regiebuch gut dokumentiert sind, können am 26. und 28. Juli die beiden ersten Aufführungen des *Parsifal* nur für die Mitglieder des Patronatsvereins, danach vierzehn weitere Vorstellungen für zahlende Besucher und Stipendiaten stattfinden.

Ludwig II. kann sich zwar nicht zu einem Besuch aufraffen, wird jedoch in München Separatvorstellungen anordnen. In der letzten der Bayreuther Aufführungen übernimmt Wagner nach der Verwandlungsmusik des 3. Akts ungesehen den Dirigentenstab von Levi; für den Amfortas-Sänger Theodor Reichmann, der an einer bestimmten Stelle regelmäßig den Viervierteltakt in einen Fünfvierteltakt auszudehnen beliebt, schlägt er das fünfte Viertel extra aus – eine Geste nachgiebiger Zärtlichkeit für ein Mitglied seines Sängerpersonals, das sich zuvor zwei Monate lang für ihn engagiert hat.

«Dann nimmt er vom Orchester aus Abschied von seinen Künstlern, nachdem der Beifallssturm unaufhörlich sich erzeigt», schreibt Cosima.[319] Wagner ist zufriedener als nach dem *Ring* – sowohl mit der Szene als auch mit der Musik. Vor allem die Sänger haben hinzugelernt: *Gut, was sie bewegt, ist die Gefallsucht; nun aber verwende man diese Sucht auf das Edle, und man wird sie stets bereit finden, mit demselben Eifer dem zu dienen.*[320] So heftig Wagner seine Sängerinnen und Sänger zu kritisieren vermag, so ersichtlich kann er sich für ihre Leistungen begeistern. Dann liegt er ihnen innerlich zu Füßen, denn sie haben verkörpert, was er nur erdacht! Dass ihn im *Parsifal* die von der nachmals berühmten Lilli Lehmann einstudierten Blumenmädchen entzücken, spricht für seine Freude am reinen Klang – ein heiterer Beleg für die ernste Devise seines Verehrers Paul Verlaine: «De la musique avant toute chose.»

Kaum zu glauben, dass *Parsifal* sogar mit einem finanziellen Erfolg endet: Die Viertelmillion Mark, welche die Aufführungen gekostet haben, kommen durch Eintrittsgelder ein. Zahlungen der Patronatsvereine in Höhe von 140 000 Mark können der Bayreuther Sache zufließen. Für Partitur und Klavierauszug zahlt der Verleger 150 000 Mark: Das hat noch keine deutsche Oper erbracht, ist jedoch nach Wagners Recherchen nicht mehr, als Charles Gounod letzthin für sein Oratorium «Der Erlöser» ausgezahlt wurde.

Das allgemeine Echo ist wesentlich imposanter als bei den Festspielen von 1876. Damals hatte die Presse gespalten und die Öffentlichkeit abwartend reagiert: Wagner beim Rekordversuch – schafft er ihn, oder schafft er ihn nicht? Inzwischen herrscht ein anderes Klima: Beifall und Publizität, wohin man sieht. Vermutlich kein künstlerisches Ereignis des 19. Jahrhunderts hat mehr Beachtung gefunden als *Parsifal*; und selbst die immer noch zahlreichen Gegner Bayreuths äußern sich kaum noch hämisch. Freilich ist das *Parsifal*-Sujet auch besonders geeignet, nationale Weihestimmung zu schaffen. Da

Richard Wagner, im Januar 1882 gemalt von Auguste Renoir.
Zwei Tage zuvor hat Wagner die «Parsifal»-Partitur vollendet.
Von dem «wunderlichen, blau-rosigen Ergebnis» meint er laut
Cosima-Tagebuch, «es sähe aus wie der Embryo eines Engels,
als Auster von einem Epikuräer verschluckt». Von einer Replik
sagte Paul Gauguin: «Ein bleiches Doktorengesicht, dessen
Augen dich nicht fixieren, nicht ansehen, sondern zuhören.»

steht kein langer, komplizierter und düster endender *Ring*
an, sondern ein Erlösungsdrama, von dem man sich schon
nach einem Abend in gehobener Stimmung wieder verabschieden kann.

Die Gralsglocken bei der Uraufführung des «Parsifal» in der Kulisse. Ursprünglich orderte Wagner in London vier chinesische Tamtams. Dann wurden es vier Tonnen.

«Wo in dem *Ring des Nibelungen* Blut und Feuer fließen, fließt hier Salböl», heißt es in der «Nationalzeitung» in einem in seiner Ablehnung schon fast defensiven Bericht.[321] Denn die Zeit kann solches Salböl in Gestalt eines von religiösen und nationalen Ideen durchtränktes Kunstwerks brauchen – ganz gleich, ob man es christlich, heidnisch oder als Ausdruck von «décadence» versteht – ohne genau zu wissen, was gemeint ist. Und natürlich möchte man auf der Seite des Siegers sein, der inzwischen feststeht: «Wenn Wagner augenblicklich eine so hervorragende Stellung einnimmt, wenn er Dinge möglich macht, die sich früher der ängstliche deutsche Künstler nicht einmal hatte träumen lassen, wenn er fremden Völkern gewissermassen als Repräsentant deutscher Kunst und Art gilt, so verdankt er dies in erster

> Stoßseufzer eines alten Wagnerianers im neuen Bayreuth: «Am liebsten waren mir die Wagner-Opern in Olmütz. Da hat man noch alles verstanden!» Übrigens nichts gegen Olmütz / Olomouc, wo sich Dirigenten wie Gustav Mahler ihre Sporen verdient haben!

Linie seiner Erkenntnis, dass der Deutsche nur dann etwas Grosses leisten wird, wenn er seinem eigenen Wesen treu bleibt», so heißt es im «Deutschen Tageblatt».[322] Das klingt in heutigen Ohren reichlich hohl und hat doch seine Berechtigung – auch dazu mehr im Schlusskapitel.

Nach Ende der *Parsifal*-Festspiele geht es nach Venedig. Wagner weiß nicht, dass er nach seinem Einzug in die fünfzehn Räume des Palazzo Vendramin Calergi, der heute eine Spielbank beherbergt, nur noch knappe fünf Monate zu leben hat. Doch vielleicht hat er es geahnt oder immerhin für möglich gehalten. Um dem jetzt dreizehnjährigen Siegfried Bayreuth übergeben zu können, würde er zwar gern noch zehn Jahre leben; auch kann er sich vorstellen, Sinfonien zu schreiben: *[...] nur keine Gegenüberstellungen von Themen, das hat Beeth. erschöpft, sondern einen melodischen Faden spinnen, bis er ausgesponnen ist; nur nichts vom Drama.*[323]

Im Kontext des Buddhismus – einer *Blüte des menschlichen Geistes, gegen welche das darauf Folgende Décadence gewesen sei*[324] – taucht noch einmal das Projekt der *Sieger* auf: Was spukt da wohl noch in seinem Kopf? Vielleicht eine Alternative zum *Parsifal* – entsprechend einer unklaren Notiz Cosimas von 1873: «Mit R. wieder über die Inder gesprochen. Die Konzeption der skandinavischen Mythologie, einer neuen Erstehung der Welt nach der Götterdämmerung, am Ende ein wilder Sprößling von der indischen Religion. Die Regelung aller Handlungen durch Riten – wirkliche Religion und Ausscheidung des menschlichen Lebens vom tierischen.»[325]

Doch da sind die «Brustkrämpfe»: Sie kommen täglich bis zu viermal und sind mit Opium, «Hoffmann's Tropfen», Massagen und Vorsicht beim Essen und Trinken augenscheinlich nicht in Schach zu halten: *Ich bin wie Othello, mein Tagwerk ist vorbei,* sagt Wagner; und *Harlekin, du mußt sterererrrebenenene* singt er.[326] Kaum ein Tag vergeht ohne Gereiztheit, die auch Liszt zu spüren bekommt, der zu Besuch weilt und vor allem Platz wegnimmt: Wagner ärgert sich über seine Unpünktlichkeit, sein Verhalten beim Whistspiel, seine Rechthaberei und nicht zuletzt auch über seine neuen Klavierkompositionen, die andere einmal zukunftweisend nennen werden. Von *keimendem Wahnsinn* ist in einer von fremder Hand fast unkenntlich gemachten Stelle in Cosimas Tagebüchern diesbezüglich die Rede.[327] *Noblesse, Anstand, die habe ich nicht*[328], kommentiert Wagner den Briefstil seines um zwei Jahre älteren Schwiegervaters. Er selbst weiß nicht recht, wo sein Zuhause ist: hier in Venedig oder in Haus Wahnfried, das inzwischen oft verwaist ist.

Zugleich geht alles weiter wie immer: Wagner hat seinen Hofstaat – bestehend aus Cosima und ihren vier im Hause lebenden Kindern, den behandelnden Ärzten, dem Personal, dem Vorspieler Rubinstein, dem jungen Philosophen Heinrich von Stein als zwischenzeitlichem Hauslehrer Siegfrieds und Ernst Hausburg als dessen Musiklehrer; dazu der getreue Paul Joukowsky, der sogar den 100. Geburtstag seines Vaters fahren lässt, um Wagner nahe zu bleiben. Als Sachwalter des Bayreuther Unternehmens erscheinen Hermann Levi und Adolph von Gross zu Besuch, während Marie von Schleinitz und die Fürstin Hatzfeld vor allem Cosima Gesellschaft leisten.

Engelbert Humperdinck wird telegraphisch einbestellt, um die Jugend-Sinfonie in C-Dur im Teatro La Fenice zu Cosimas 45. Geburtstag am Heiligabend einzustudieren. Die nur für die Familie bestimmte Aufführung wird vom Meister selbst geleitet. Der ist auch sonst nicht unbeschäftigt, plant für das nächste Festspieljahr, arbeitet an Aufsätzen für die 1878 im Dienste der eigenen Sache gegründeten, jedoch bisher nicht sehr erfolgreichen «Bayreuther Blätter», kümmert sich um die Erziehung Siegfrieds, unternimmt Gondelfahrten, besichtigt Museen und Kirchen. Wütende Depeschen an die Agenten Volz und Batz oder die Verlage Schott und Lucca, wenn es mit den Tantiemen und Rechten nicht nach Wunsch läuft; Ärger über Nietzsches neueste Polemik; Freude an Gobineaus «Historie des Perses»; Aversion gegen die Juden; Liebe zu den Kindern; Mitleid mit Tieren; Verlassenheitsträume; Lektüre von «King Lear», «Hamlet», «Wahlverwandtschaften», «Wilhelm Meister», «Don Carlos»; gelegentliches Spiel von Bach und Beethoven.

**Richard Wagner, am Vorabend seines Todes
von Paul von Joukowsky gezeichnet**

Die letzte Tagebucheintragung Cosimas, vom Vorabend des Sterbetages, lautet: «Beim Abendbrot besprechen wir mit den Kindern das Meer und seine Geschöpfe; vorher die Gefängnisse, die Strafen (the tread-mill), alles zum Schutz des

Richard Wagners Totenmaske. Nachdem Cosima länger als 24 Stunden über der Leiche gelegen hatte, gab ihre Tochter Daniela dem Bildhauer Augusto Benvenuti schließlich die Genehmigung, den Gipsabdruck zu nehmen.

Eigenthums. Er liest in ‹Undine› vor, deren ersten Teil er vorzieht. Er macht viele Scherze darüber, daß ein Exemplar, welches zur Übersetzung des Vaters Jouk[owsky] gedient hat, voller Tintenkleckse sei, und zitiert den Scherz aus den Fl. Blättern, eines Knaben, der die Tintenkleckse seines Heftes damit entschuldigt habe, daß sein Schul-Nachbar, ein kleiner Mohr, Nasenbluten gehabt. – – Wie ich schon zu Bett liege, höre ich ihn viel und laut sprechen, ich stehe auf und gehe in seine Stube: ‹Ich sprach mit dir›, sagt er mir und umarmt mich lange und zärtlich: ‹Alle 5000 Jahre glückt es!› ‹Ich sprach von den Undinen-Wesen, die sich nach einer Seele sehnen.› Er geht an das Klavier, spielt das Klage-Thema ‹Rheingold, Rheingold›, fügt hinzu: ‹Falsch und feig ist, was oben sich freut.› ‹Daß ich

## 1883

«Cosima Wagner – das zweite Leben» lautet der Titel eines 900 Seiten starken Bandes mit Briefen und Aufzeichnungen der Witwe Wagners aus den Jahren 1883 bis in ihr Todesjahr 1930. Achtzehn Jahre lang hat sie mit ihrem zweiten Mann gelebt, um siebenundvierzig Jahre wird sie ihn überleben. Zwischen 1883 und 1901 inszeniert sie alle Werke vom «Holländer» bis zum «Parsifal» und begründet damit die bis heute gültige Repertoirepraxis Bayreuths. Den geheimen Wunsch, ihren ersten Mann Hans von Bülow als Dirigenten zu gewinnen, kann sie nicht realisieren. Nach einem Schlaganfall gibt sie 1907 die Festspielleitung an ihren Sohn Siegfried ab. 1910 erhält sie die Ehrendoktorwürde der Berliner Universität. Ihre letzten eigenhändigen Aufzeichnungen stammen aus den Jahren 1917 / 19.

das damals so bestimmt gewußt habe!› – – Wie er im Bette liegt, sagt er noch: ‹Ich bin ihnen gut, diesen untergeordneten Wesen der Tiefe, diese sehnsüchtigen.›»[329]

Wagner stirbt am 13. Februar kurz nach drei Uhr nachmittags in Cosimas Armen an einem Herzanfall. Der Autopsiebericht spricht von einer «Ruptur der rechten Herzkammer» als Folge einer «Beengung des Brustraumes», die wiederum durch jahrzehntelange «massenhafte Gasentwicklung in Magen und Gedärmen» ausgelöst worden sei.[330] Der Leichnam wird auf Geheiß Ludwigs II. in einem Sonderzug der Bahn über München nach Bayreuth gebracht; dort findet am 18. Februar die Beisetzung im Garten von Wahnfried statt.

## Diskussionen ums Werk

*Ihr habt meine Werke, – laßt mir meine Thorheiten: Das ist Alles, was ich zum Austausch wünsche!*[331], schreibt Wagner in schwieriger Lebenssituation dem Freund Josef Standhartner nach Wien, wo er gerade einen gewaltigen Schuldenberg, aber auch *Tristan und Isolde* zurückgelassen hat. Ist damit alles gesagt? Unter dem Verdikt der Maßlosigkeit steht ja nicht nur das Leben, sondern auch das Werk. Manche Kritiker würden gnädiger mit Wagner umgehen, erschiene ihnen nicht gerade sein Schaffen monomanisch, anmaßend und jenseits der Grenzen des guten Geschmacks.

In der Tat, wer es nicht vermag, den Weltsinn in der knappen vorsokratischen Weisheit «Alles fließt» zusammenzufassen, wer dafür vier Abende *Ring* und noch einmal einen ganzen *Parsifal* braucht, ist anfechtbar: Da gibt es fast zwangsläufig Längen und Widersprüchlichkeiten. Was nach 28 Jahren Arbeit am *Ring* an die Öffentlichkeit gelangt, ist ein Work in progress; und es wäre kein modernes Kunstwerk, hätte es keine Risse und Brüche.

Was fasziniert an Wagners Hauptwerk, dem *Ring*? Selten sind unsere kollektiven Vergehen an der Natur und unser Streben nach Macht eindrücklicher geschildert worden! Doch was ist Macht? Sind die scheinbar Mächtigen nicht ihrerseits alsbald machtlos – Alberich, Wotan, die Riesen, Siegfried, Brünnhilde? Und halten die Machtsymbole, was sie versprechen: Speer, Ring, Schwert, Burg, Tarnhelm? Schafft wenigstens die Liebe ein Gegengewicht, oder macht sie alles nur schlimmer? Der *Ring* bietet einen bestechend durchdachten Sinnzusammenhang und steckt doch voller Fragen.

Man mag darüber streiten, ob er als moderner Mythos bezeichnet werden kann; jedenfalls aber haben seine Konfigurationen insoweit mythische Qualität, als sie einerseits archetypisch, andererseits für vielfältige Deutungen offen sind.

Übrigens ist in dem großen Spiel von verderblicher Macht weit weniger von Heldentum die Rede, als es der sagenhafte Horizont des Themas nahe legt. Und keines der traditionellen Heldenbilder, die der *Ring* vordergründig anbietet, hat Bestand. Zudem überstrahlen die Taten der Frauen diejenigen der Männer: Sieglindes Opfergang reicht weiter als Siegmunds Heldenmut, Brünnhilde zeigt mehr vom gewünschten Menschen der Zukunft als Siegfried.

«Man kann die Natur nicht ordnen, ohne die Natur zu zerstören. Man kann in einer zerstörten Welt nicht leben, ohne sich selbst zu zerstören. Man kann die Übel der Politik nicht politisch beseitigen. Man kann Politik nicht durch Naivität überwinden. Man kann aus Liebe keine Politik machen. Man kann als Naiver nicht im Politischen überleben.»[332] Diese Botschaft will Wagner seinen Zeitgenossen im Mythos kenntlich machen, weil nur dieser eine *Gefühlswerdung des Verstandes* ermöglicht.[333]

Es ist e i n e der Botschaften des *Rings* – hier in einen Text gefasst, der dem Umkreis der ‹politischen› Chereau-Inszenierung von 1976 entstammt. Von Claude Lévi-Strauss her gesehen könnte eine weitere Botschaft lauten: Die Welt lässt sich nicht geschichtsphilosophisch deuten – weder emphatisch à la Hegel noch kritisch à la Nietzsche oder Adorno; sie ist vielmehr ein Flecken Natur, auf dem der Mensch herumturnt,

---

«Siegfried ist der Sohn seines Onkels und der Neffe seiner Mutter. Er ist sein eigener Vetter als Neffe und Sohn seiner Tante. Er ist der Neffe seiner Frau, folglich sein angeheirateter Onkel und sein angeheirateter Neffe. Er ist Neffe und Onkel in einer Person. Er ist der Schwiegersohn seines Großvaters Wotan, der Schwager seiner Tante, die zugleich seine Mutter ist. Siegmund ist der Schwiegervater seiner Schwester Brünnhilde und der Schwager seines Sohnes, er ist der Mann seiner Schwester und der Schwiegervater der Frau, deren Vater der Schwiegervater seines Sohnes ist.»
Eine witzig gemeinte Darstellung der Verwandtschaftsverhältnisse im «Ring», die den Strukturalisten und Wagner-Fan Claude Lévi-Strauss hoch erfreuen würde. Denn in seinen Augen entspricht sie jenem mythischen, «wilden» Denken, das keine logischen Abläufe konstruiert, sondern an der Lösung scheinbar unlösbarer Probleme «bastelt».

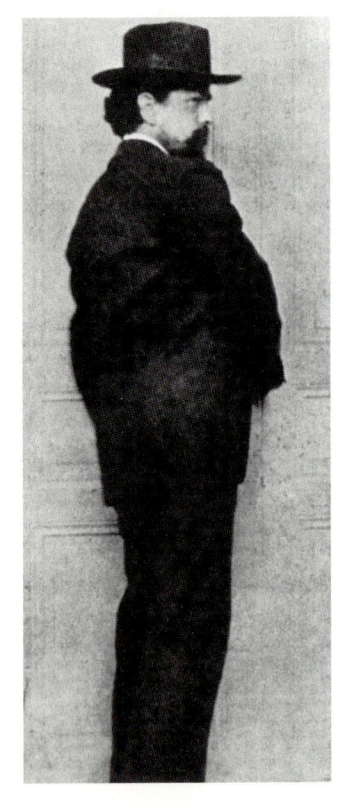

um an bleibenden Widersprüchen herumzubasteln und danach wieder zu verschwinden. Sieht man den *Ring* mit diesen Augen, so eröffnen sich plötzlich reiche und vielfältige Landschaften, die man bisher nur als Kulissen wahrgenommen hatte!

Schließlich eine dritte Botschaft, stammend aus der Welt der «Divina Commedia», des «Don Quijote», der Shakespeare'schen Dramen und des «Faust» – für Wagner vier Gipfel der Weltliteratur, mit denen er in seiner Bayreuther Zeit beständig umging. Er fand dort wieder, was er selbst mit seinem *Ring* angestrebt hatte: den künstlerischen Ausdruck jener unendlich reichen Symbolwelt, deren Bilder der Mensch in seinem kollektiven Unbewussten bewahrt. Ob man den *Ring* mit Sigmund Freud triebtheoretisch oder mit C. G. Jung als Ensemble archetypischer Geschichten versteht –

Ein angeschlagener Wotan und ein Möchtegern-Bohemien: Richard Wagner, 1871 in München, und Claude Debussy, 26 Jahre später in Paris fotografiert. Als Repräsentanten einer Musik aus dem Geist des Mythos nennt sie der große Strukturalist Claude Lévi-Strauss in einem Atemzug: Die Posen wechseln, die Struktur des «wilden Denkens» bleibt prägend.

deutlich ist, dass die Tetralogie im Gewand von Märchen, Sage und Parabel das ganze Inventar menschlichen Denkens, Fühlens und Handelns vor uns ausbreitet.

Und dies geschieht nicht allein mittels Text und Handlung, sondern vor allem im Medium der Musik, die uns besser als alle Worte spüren lässt, dass hier über den Welt-Sinn verhandelt werde. Die Fähigkeit der Musik, mit dem Augenblick zu versöhnen, trägt außerdem dazu bei, dass wir nicht von vornherein auf das düstere Ende des *Rings* starren müssen, sondern seine Glücksmomente genießen dürfen: die meerjungfernhafte Unberührbarkeit der Rheintöchter, die Pracht von Walhall, die Liebesseligkeit von Siegmund und Sieglinde, das Leiden Wotans, das Mitleiden Brünnhildes, das Kind im Manne Siegfried – und hundert anderes. Wer sich auf den *Ring* einlässt, wird in ihm die Unendlichkeit seiner eigenen Glücksmöglichkeiten, Sehnsüchte, Zwänge und Unerlöstheiten erleben.

Wagner ist einerseits S c h ö p f e r seines *Rings*, andererseits dessen M e d i u m . Was er zunächst allein im Drama von *Siegfrieds Tod* vorstellen wollte, erschien ihm zunehmend unzureichender, um den Zustand der Welt zu erklären: So versuchte er die Welt bis zu ihrem Frühzustand im *Rheingold* zurückzuerinnern. Danach kann er kompositorisch mit dem *Rheingold* «von vorn» anfangen. Doch Wagner weiß selbst nicht wie: Er lässt sich von seinen eigenen Leitmotiven und ihren Kombinationsmöglichkeiten überraschen und erscheint manchmal weniger als Herrscher über sein Material denn als dessen Verwalter. Das Ergebnis – es mag gefallen oder nicht – ist ein einmaliges Wunder an Kreativität, Kalkül und Kombinatorik. Und dieses Wunder ist kein geringeres, weil man ebenso wenig wie Wagner selbst zu unterscheiden vermag, was bewusste Erfindung und was glücklicher Fund ist.

Manch' Stutzer stößt sich am ständigen Stabreim: Nicht zu leugnen, dass vier lange *Ring*-Abende in dieser Hinsicht eine harte Probe sind, zumal es nicht immer so klassisch-schön zugeht wie in Loges spöttischem Kommentar zum Einzug der Götter in Walhall: *Ihrem Ende eilen sie zu, die so stark im Bestehen sich wähnen.* Doch sei daran erinnert, dass selbst ein Dichter des

Realismus wie Gottfried Keller die *Ring*-Dichtung hoch geschätzt hat. Es ist billig, über das *Weia! Waga! Woge, du Welle* der Rheintöchter zu spotten: Hätten diese Naturkinder lieber von der Verderbnis des Goldes predigen sollen, anstatt am altdeutschen Wort «Heilawac» entlangzulallen?

Der Stabreim hat wichtige «auratische Funktionen»[334], indem er polare Vorstellungen wie *Lust/Leid* oder *Wonnen/Weh* rituell zusammenspannt und damit Sinn in vorrationalen Erlebnisschichten stiftet. Er hilft Wagner ferner dabei, vom *quadratischen Komponieren* wegzukommen, ohne gleich in musikalische Prosa zu verfallen. Er vermittelt schließlich zwischen der «Verstandes»-Ebene der «Stoff» unterzubringen ist, desto wichtiger ist dessen permanente Vermittlung an das Gefühl. Deshalb ist zwar *Tristan*, nicht aber der *Ring* ohne Stabreim möglich.

Was in Wagners Dichtung die Alliteration, ist in seiner Musik das Leitmotiv: beliebter Anlass zum Lästern. Da arrangiert ein Hansdampf in allen Gassen seine Musik nach den Bedürfnissen der Szene, ohne auf die musikimmanente Logik seines Tuns zu achten. Gleichwohl sind Wagners kompositorische Grundelemente, die «Leitmotive», keineswegs willkürliche Erfindungen, vielmehr musikalisches Äquivalent jener archetypischen Bilder und Vorstellungen, welche die *Ring*-Dichtung aus dem kollektiven Unbewussten abruft. Anstatt sich zu wiederholen, verändern sie beständig ihre Gestalt oder ihren Kontext. So erscheint das Walhall-Motiv bloß anfänglich in seiner ganzen satten Pracht; danach erklingt es nur noch als Erinnerung, Zitat oder Zerrbild und spiegelt so den Verfall der Macht, die es symbolisiert.

Außerdem treten die Leitmotive, die Wagner lieber Motive der *Ahnung* und *Erinnerung* genannt wissen wollte[335], auf eine Weise zusammen, die Thomas Mann von einem «Beziehungsfest» sprechen lässt. In diesem Sinn erklärt Wagner, als er am Trauermarsch aus der *Götterdämmerung* arbeitet: *Ich habe einen griechischen Chor komponiert, aber einen Chor, der gleichsam vom Orchester gesungen wird; nach Siegfried's Tod, während des Scenenwechsels, es wird das Siegmund-Thema erklingen, als ob der*

*Chor sagte, er war sein Vater, dann das Schwertmotiv, endlich sein eignes Thema, da geht der Vorhang auf, Gutrune tritt auf, sie glaubt, sein Horn vernommen zu haben; wie könnten jemals Worte den Eindruck machen, den diese ernsten Themen neugebildet hervorrufen werden, dabei drückt die Musik stets die unmittelbare Gegenwart aus.*[336]

Da ist Komponieren tatsächlich Arbeit am Mythos! Zugleich widerlegt Wagners Äußerung das Vorurteil, Leitmotive dienten der primitiven Etikettierung von Personen oder Gegenständen. Selbst das knappe Schwert-Motiv symbolisiert nicht nur die gezückte Waffe, sondern zugleich Wotans großen und doch zu kurzen Gedanken – nämlich Siegfried als sein besseres Ich: Das Motiv beginnt zwar stürmisch, weiß aber dann nicht weiter! Ähnlich subtile Beispiele für die kompositorisch-semantische Qualität der Leitmotive lassen sich zu Dutzenden finden. Freilich ist nicht zu leugnen, dass die Brillanz des Gestischen nicht nur die Stärke, sondern auch eine Schwäche von Wagners Musikdramen ist: Allem Beziehungszauber und musikalischem Gewebe zum Trotz sind diese für Mimen geschrieben, die mit ihren Themen an die Rampe drängen; und da mag die Musik gelegentlich mehr als dienstbarer Geist denn als Träger großer Gedanken erscheinen. Und doch wird Wagner der Vorstellung gerecht, mit der er Eduard Hanslick bereits zur Zeit des *Lohengrin* konfrontiert: *Schlagen Sie die Kraft der Reflexion nicht zu gering an; das bewußtlos produzirte Kunstwerk gehört Perioden an, die von der unseren fern ab liegen: das Kunstwerk der höchsten Bildungsperiode kann nicht anders als im Bewußtsein produzirt werden.*[337] So paradox es klingt: Wer Musik nicht reflektieren mag, verfehlt die Musik Wagners!

Mag der *Ring* als Ganzer nicht mühelos als d a s weltumspannende musikalische Drama gehört werden, dies vielleicht auch gar nicht verdienen – seine einzelnen Bilder sind wahre Wunder an Prägnanz, Fülle und Vieldeutigkeit. Natürlich nur dann, wenn Musik und Szene gemäß der Vorstellung des Komponisten zusammen gesehen werden. Gleichwohl müssen Hörer nicht beständig die Bühne im Auge haben; es genügt, dass sie ihren eigenen inneren Bildern Raum geben.

Seitdem man die Partituren Wagners auf der einen Seite gründlicher, auf der anderen ohne die Expertenbrille des in der Bach-Beethoven-Brahms-Schönberg-Tradition aufgewachsenen Gelehrten betrachtet, wird deutlich, dass die These vom musikalischen Dilettanten Wagner absurd ist – sie sei liebevoll gemeint wie von Thomas Mann, kritisch wie von Nietzsche und George Bernard Shaw oder nur angedeutet wie bei Adorno. Zwar hat Wagner selbst sie in die Welt gesetzt, jedoch mit Ironie: Es behagt ihm, als Dilettant eine Zunft zu blamieren, die nach Beethoven, Weber und Bellini auf der Stelle tritt – ein Abbild jener Meistersinger von Nürnberg, welchen der Dilettant Stolzing das Fürchten lehrt.

Während *das sogenannte Form-Genie*, so hat Wagner den Sachverhalt in späteren Jahren erläutert, vorab plane, wie das eine auf das andere folgen solle, und seine Sache deshalb *mit Leichtigkeit* mache, sehe er sich selbst in der schwierigeren Rolle des *Improvisators*, der *ganz dem Augenblick angehört* und geradezu *verloren* wäre, wenn er jeweils schon an das Nachkommende denken würde: *Das Eigentümliche meiner Kunst zum Beispiel ist, daß ich jede Einzelheit als Ganzes betrachte und mir nicht sage: da dies oder jenes nachfolgen wird, mußt du es so und so machen, etwa*

Richard Wagner. Bronzebüste von Lorenz Gedon, 1880 nach dem Leben begonnen, 1883 im Gipsmodell vollendet. Obwohl der selbst vom Tod gezeichnete Künstler Züge von Leiden und Bitterkeit nicht ausspart, galt die Büste im Umkreis von Cosima Wagner als besonders gelungen.

*so oder so modulieren. [...] Und doch weiß ich, daß ich unbewußt einem Plan gehorche.*[338]

Hier wird erahnbar, was eigentlich hinter dem Dilettantismus-Vorwurf steckt: die Angst, der Musik wie der Komponist selbst in jedem Moment ausgeliefert zu sein, anstatt an der Entfaltung ihrer Struktur auf logisch nachvollziehbare Weise teilnehmen zu können. Dazu passt eine andere Äußerung Wagners: *Mein Musik-Machen ist eigentlich ein Zaubern, denn mechanisch und ruhig kann ich gar nicht musizieren, [...] während ich in der Extase die tollsten Stimmführungen ohne eine Spur von Schwanken ausführe.*[339]

Es stimmt, dass Wagner erst im *Lohengrin* – als Fünfunddreißigjähriger – künstlerische Perfektion erreicht und solche im *Rheingold* um höherer Ziele willen noch einmal zur Nebensache erklärt. Indessen ist Perfektion ein zweifelhaftes Kriterium: Nicht nur im *Lohengrin*, sondern auch schon im *Holländer* und im *Tannhäuser* finden sich grandiose Partien; und umgekehrt hat jede dieser drei Opern des Übergangs ihre «Durchhänger», *Lohengrin* sogar mehr als *Holländer*.

In der *Walküre* ist dann alles von solcher Souveränität, dass man – ganz im Sinne Wagners – Handwerkliches von vornherein vergisst. Und während der Dilettant gern bei einmal Gefundenem bleibt, legt Wagner die Saga vom *Ring* beiseite, um zwei Werke sui generis zu komponieren: *Tristan und Isolde* und die *Meistersinger*. Zunächst die absolute Hingabe an die Musik als Ausdruck der Leidenschaften, danach ein abgeklärter Diskurs ü b e r die Musik als Mitteilungsform der Gesellschaft.

*Tristan und Isolde* ist das erste Werk der Operngeschichte, das vor allem vom Gesamtklang lebt: Nicht die Gesangslinien der Sänger sind bestimmend, sondern das Klangvolumen des Orchesters, das einschließlich der Sänger wie ein einziges Instrument in den Händen des Dirigenten wirkt. Fasziniert am *Ring* die Vielheit, so ist es hier die Einheit: Der tödlichen Verschmelzung von Tristan und Isolde geht kein Intrigenspiel voran, sie vollzieht sich vielmehr als gewünschtes Verhängnis. Wenn sich auch dreimal die Außenwelt störend zu Wort meldet, so spiegelt die *Handlung* von *Tristan und Isolde*, wie Wagner sein Bühnenwerk schlicht nennt, doch vor allem einen Prozess der Entwirklichung und Transzendierung vom Leben zum Tod.

Da hilft, von der Musik her gesehen, die *Kunst des Übergangs*, die sich Wagner für die *Tristan*-Komposition zu Eigen macht, und ebenso die *unendliche Melodie*, welche den Schicksalsfaden nicht abreißen lässt.[340] Hingegen bedarf es kaum des Stabreims und nur mit Maßen des Leitmotivs, um jenes sinfonische Gewebe zu entfalten, das *Tristan und Isolde* zur absoluten Musik in höherem Sinn werden lässt. Über einer Art Klangteppich, den vor allem Hörner und Posaunen auf neuartige Weise grundieren, bilden die Stimmen eine oszillierende Scheinpolyphonie, die den Hörer niemals aus der Spannung entlässt.

Ganz Kunst des Übergangs ist die sprichwörtliche *Tristan*-Harmonik, deren Avanciertheit nicht in Schroffheiten, sondern im geschmeidigen Umgang mit Dissonanzen und enharmonischen Verwechslungen offenbar wird. Vom charakteristischen *Tristan*-Stil ist jede Pore des Werks durchdrungen: Wie eine einzelne Körperzelle das ganze Erbgut, enthalten schon die Anfangstakte mit dem drängenden Tristan-Akkord die Eigenschaften des Werks in nuce.

Empfängliche Zeitgenossen haben sich allein an der Dichtung berauscht: Sie ist eine wichtige Säule des frühen Symbo-

---

Etwa gleichzeitig mit Franz Liszt hat Wagner den charakteristischen Einzelklang zu einem exponierten Erkennungszeichen erhoben. Dies gilt nicht zuletzt für den «Tristan-Akkord» – eine chromatische Akkordprogression, die ihre Neuheit der Tatsache verdankt, dass sie nur schwer von einem tonalen Bezugssystem her zu verstehen ist und deshalb vor allem als Einzelereignis wahrgenommen wird. Augenzwinkernd zitiert Claude Debussy den Tristan-Akkord in seinem Klavierstück «Golliwogg's cake walk», ehrerbietig Arnold Schönberg in der «Verklärten Nacht». Einen besonders kunstvollen Umgang mit dem Zitat bietet Alban Berg in seiner «Lyrische Suite», indem er es als Konsequenz einer Kombination von Zwölftonreihen erscheinen lässt.

lismus und lebt doch von der Musik. Wagners Hinweis, s i e – und nicht erst der Liebestrank – offenbare, *was offenbar werden mußte*[341], gilt für die ganze Partitur. Was dort zwischen den Polen von «Psychologie und musikalischer Logik» an schwelgender Melodik, sinfonischer Dichte, harmonischer Kühnheit und musiksprachlicher Prägnanz zu finden ist[342], lässt das Werk zu einer Begegnung von zeitloser Klassizität mit avantgardistischer Ungeduld werden – zu einem Mythos der Moderne in ihrer Verfügungsmacht und Unerlöstheit.

Sein Versprechen aus *Oper und Drama*, das Sprachvermögen des Orchesters zur *Kundgebung des Unaussprechlichen* zu nutzen[343], hat Wagner in *Tristan und Isolde* vollkommen eingelöst, jedoch kaum weniger in den nachfolgenden *Meistersingern*. Schon im Vorspiel weiß Wagner seine Ahnung vom Zustand der deutschen Kunst musikalisch so zu artikulieren, dass ein aufnahmefähiger Zuhörer wie Nietzsche den Geschmack geradezu auf der Zunge spürt: «Was für Säfte und Kräfte, was für Jahreszeiten und Himmelsstriche sind hier nicht gemischt! Das muthet uns bald altertümlich, bald fremd, herb und überjung an, das ist ebenso willkürlich als pomphaft-herkömmlich, das ist nicht selten schelmisch, noch öfter derb und grob – das hat Feuer und Mut und zugleich schlaffe, falbe Haut von Früchten, welche zu spät reif werden. Das strömt breit und voll: und plötzlich ein Augenblick unerklärlichen Zögerns, gleichsam eine Lücke, die zwischen Ursache und Wirkung aufspringt, ein Druck, der uns träumen macht, beinahe ein Alpdruck –, aber schon breitet und weitet sich wieder der alte Strom von Behagen aus, von vielfältigstem Behagen, von altem und neuem Glück, s e h r eingerechnet das Glück des Künstlers an sich selber, dessen er nicht Hehl haben will, sein erstauntes, glückliches Mitwissen um die Meisterschaft seiner hier verwendeten Mittel, neuerworbener unausgeprobter Kunstmittel.»[344]

Wagner geht diesmal nicht gänzlich in seinem Sujet auf, sondern steht über ihm. Nicht von ungefähr sind die *Meistersinger* sein einziges Bühnenwerk, das sich problemlos mit der gleichzeitigen Strömung des literarischen Realismus in Verbindung bringen lässt, ohne freilich in ihr aufzugehen. Die archetypische Sicht von Lebenszusammenhängen wird durch eine geschichtliche ersetzt, Tragik durch Lebensbejahung. Was die Musik in *Tristan und Isolde* an konzentrierter Leidenschaft gegeben hatte, verströmt sie nun an Reichtum der Charaktere, Farben und Gesten.

Auf der Höhe seiner kompositorischen Meisterschaft scheint es Wagner zu gefallen, einmal keine mythologischen Orte aufzusuchen, sondern sich ganz auf das Kolorit des historischen Nürnbergs zu konzentrieren. Da ist jene handwerkliche Arbeit gefragt, die Igor Strawinsky speziell an den *Meistersingern* bewunderte und die Wagner in der Tat auf vielen Ebenen vorführt: als langatmige Meistersingerei, als Bach nachempfundenen altdeutschen Kontrapunkt und als Fertigung des Preisliedes – Letzteres im Beisein der Zuschauer, denen die Wahrnehmung des Handwerklichen in Wagners Illusionstheater ansonsten bewusst verwehrt wird.

Zum Handwerklichen gehört auch das Spiel mit Spott und Ironie, das außerhalb der *Meistersinger* höchstens im *Ring* zu finden ist – dort jedoch meistenteils als ein eher peinliches Katz-und-Maus-Spiel. Zwar haben auch die *Meistersinger* in der Witzfigur des Sixtus Beckmesser ihr erklärtes Opfer. Jedoch signalisiert die für ihn komponierte Musik, dass es da ein Fünklein Sympathie geben muss; denn sie klingt nicht nur verzerrt, sondern zugleich anregend neutönerisch!

Überhaupt gehört es zum Wesen großer Werke, dass sich ihre Figuren von den Intentionen des Schöpfers ablösen. In diesem Sinne werden kritische Besucher einer *Meistersinger*-Aufführung die Aufregung, mit der Beckmesser sein gestohlenes Preislied zum Besten gibt, kaum viel lächerlicher finden als die Selbstverliebtheit, mit der Walther von Stolzing anschließend das Original *Morgenlicht leuchtet im rosigen Schein* schmettert! Hört in der Tiefe seines Herzens auch der Meister selbst dieses Preislied nicht ohne Schmunzeln angesichts eines Belcanto, der den geistlosen Auftritt des italienischen Tenors im Vorzimmer der Marschallin vorwegnimmt?

Der «Rosenkavalier», von dem hier die Rede ist, verdankt den *Meistersingern* einiges in puncto Scherz, Satire, Ironie und tieferer Bedeutung. Der Vergleich lässt sich ausdehnen: Ohne Wagner gäbe es keinen Strauss; und zugleich wissen wir durch Strauss, was wir an Wagner haben. An Genauigkeit musikalischer Zustandsschilderung reicht der Jüngere, der sich anheischig machte, eine Speisekarte angemessen zu vertonen, dem Älteren unbesehen das Wasser, übertrifft ihn vielleicht sogar. Doch während sich Strauss als grandioser Routinier feiern lässt, gibt es bei Wagner jenseits aller psychologischen Glaubwürdigkeit ein metaphysisches Moment, von dem auch sein letztes kompositorisches Wunder lebt, der *Parsifal*.

Zwar ist das Sujet nur unter Verrenkungen zu retten: Die großartige Ideen- und Gedankenkonstruktion des *Rings* hat einem Mysterienspiel weichen müssen, dessen Botschaft sich bestenfalls zumutbar in Szene setzen lässt. Denn während sich der Zuhörer die Gesamtmisere des *Rings* und vieler seiner Gestalten mühelos zu Eigen machen kann, hat er arge Schwierigkeiten, an der Seite Parsifals die Neueröffnung des Grals zu feiern. Man erinnert sich einer Kritik Wagners am Chorfinale der ansonsten hoch gelobten «Neunten Sinfonie»: Diese zeige *uns auf sehr naive Weise die Verlegenheit eines wirklichen Tondichters, der nicht weiss, wie er endlich (nach Hölle und Fegefeuer) das Paradies darstellen soll*[345].

In der Tat, dass Parsifal in der Nachfolge Siegfrieds jener *furchtlos freieste Held* sein soll[346], den der Schöpfer des *Rings* einstmals am fernen Horizont sah, mag schwerlich überzeugen. Ohnehin herrscht im *Parsifal* eine andere Zeitvorstellung als in den vorangegangenen musikalischen Dramen. Diese folgen der urchristlich anarchistischen Überzeugung, es müsse erst eine Katastrophe, einen gewaltigen Knall, ein Jüngstes Gericht geben, ehe die Erlösung eintreten könne. Demgemäß gibt es im *Holländer*, im *Tannhäuser*, in *Tristan und Isolde* und im *Ring* eine Dynamik auf das Ende hin. Dieses wird im Drama selbst nicht transzendiert oder höchstens in den utopischen Ausblicken, welche die Musik bietet. Alle weitere Hoffnung ist Sache des Hörers.

Anders im *Parsifal*: Dort werden Erlösung und ewige Seligkeit wie auf dem Tableau vorgeführt – nicht im Sinne einer

G. Laska: Am Festspielhaus während der Pause, 1892.
Der nicht weiter bekannte Maler hat sich möglicherweise an eine Fotografie gehalten. Verglichen mit dem Prunk der um die gleiche Zeit fertig gestellten Pariser Opéra ist das 1872 begonnene und 1876 vollendete Bayreuther Festspielhaus ein Muster an Schmucklosigkeit. Die Plätze sind nach Art des Amphitheaters, das heißt demokratisch, angeordnet.

Konfliktlösung, sondern erklärtermaßen als *höchstes Wunder*. Und es bleibt auch ein Wunder, wie es dazu kommt, dass jemand vom einen in den anderen Zustand gleitet, ohne dass wirklich etwas geschehen wäre.

Es sind nicht diese Wunder, die am *Parsifal* faszinieren, sondern seine zu Musik gewordenen Bilder und Bildfolgen. Zwar wirken die Figuren – von Kundry abgesehen – statuarischer als die des *Rings*; in der Darstellung von Gefühlslagen hat Wagner jedoch an Subtilität noch hinzugewonnen. Thomas Mann bewundert demgemäß die «seelisch-stilistische Anpassungsfähigkeit» und die Fülle an ungewohnten Lauten, denen er «mit immer neuer Beunruhigung, Neugier und Verzauberung nachhängt».[347]

Im *Parsifal* sind die Farben noch einmal ganz neu gemischt: Das *affektvoll Sensitive* von *Ring* und *Tristan* hat, wie erwähnt, ausgedient; stattdessen gibt die Musik Zustandsprotokolle, die auch einem Zweifler wie Claude Debussy nur Bewunderung abgenötigt haben – Protokolle vom Siechtum des Gralskönigs Amfortas und seinem quälenden Warten auf die Erlösung, von der Verstörtheit Kundrys und ihrer Begegnung mit der reinen Welt des Parsifal. Es gibt das merkwürdig fahle Licht der Karfreitagsaue und die undurchsichtige Harmonik der «mantrischen Formel» *Durch Mitleid wissend, der reine Tor, harre sein, den ich erkor* – ein kleiner Vorgeschmack auf die nicht mehr komponierten *Sieger*.[348]

Eine Parallele zu den *Meistersingern* besteht darin, dass Wagner – anders als in *Tristan und Isolde* – sich nicht von einem Grundimpuls führen lässt, sondern unterschiedliche Stile gegeneinander stellt; in diesem Sinn trifft die Simplizität des Glaubens-, des Grals- und des Parsifalmotivs auf die Avanciertheit des Klingsor- und des Kundrymotivs.[349] Das geschieht nicht aus kompositorischer Entdeckerlust, sondern im Dienst an der Handlung, die ebendeshalb nicht zu vernachlässigen ist. Nietzsche fühlt sich zwar von der Weltanschauung des *Parsifal* tödlich beleidigt, rühmt aber die Schärfe der psychologischen Zeichnung auf das höchste. Wagner führe als unvereinbar geltende Einstellungen zusammen: auf der einen Seite ein «Mitwissen und Durchschauen, das eine Seele wie mit Messern durchschneidet», und auf der anderen ein «Mitleiden mit dem, was da geschaut und gerichtet wird. Dergleichen giebt es bei Dante, sonst nicht.»[350]

Die bei der kompositionsgeschichtlichen Einordnung des *Parsifal* üblichen Vorausblicke auf Verismo, Impressionismus, Expressionismus, Symbolismus oder gar Atonalität sind nur vordergründig ehrenvoll: In Wahrheit verschleiern sie, dass Wagner dasjenige kompositorische Genie des 19. Jahrhunderts nach Beethoven ist, welches die Möglichkeiten tonaler Musik optimal ausgeschöpft hat, anstatt ungeschriebenen kompositorischen Anstandsregeln zu folgen. Melodik, Harmonik und Metrik halten sich nur so weit an die Zunftordnung, als sie bei den Hörern nicht als ungenießbar disqualifiziert werden möchten. Im Übrigen folgen sie weniger der Logik eines

Systems als den Erfordernissen des musikalischen Dramas. Besonders deutlich wird das an der Tonalität: Sie bleibt einverständliche Basis, wird aber bis zur Dekonstruktion ihrer eigenen Grundlagen ausgebeutet.

Bei mehr unausgesprochener als eingestandener Bewunderung hat Theodor W. Adorno an Wagner harte Kritik geübt und ihm Phantasmagorie, Usurpation, Affirmation, Regression, Rausch und Verblendung vorgeworfen – überall mehr Schein als Sein. Doch das ist bestenfalls eine Teilwahrheit, denn eine Kernaussage des *Rings* lautet ja geradezu: Überall mehr Schein als Sein. Zu Recht kritisiert Adorno, dass Wagner mit der Idee seines Gesamtkunstwerks konzeptionelle Erwartungen wecke, die sich auf der Bühne nicht erfüllten, auch gar nicht erfüllen ließen. Wo er jedoch Wagner als Komponisten der Unseriosität zeiht, sitzt er seinen eigenen Idealen auf, nämlich denen von «großer» Musik, die keines von außen auferlegten Gesetzes bedarf, sondern aus sich heraus wahr ist. Und wahr ist nach Hegel nur das Ganze.

Indessen kann man Wagner unmöglich vorwerfen, er verliere in seiner Kunst das Ganze aus den Augen. Selbst im ausgedehnten *Ring* sind alle Details textlich wie musikalisch auf den Gesamtzusammenhang hin ausgerichtet. Dabei gibt die *dramatische Handlung* auf plausible Weise *Gesetze der Scheidungen und Verbindungen* vor, nach denen das *Gewebe von Grundthemen* für die *Einheit des ganzen Kunstwerks* sorgt.[351] Natürlich können vier *Ring*-Abende unmöglich in gleicher Weise als ideales Zusammenspiel eines Ganzen und seiner Teile wahrgenommen werden wie ein Gemälde, ein Gedicht oder eine Sinfonie. Doch nur weil es Wagners integrierende Phantasie gibt, ist es überhaupt möglich, Teilwahrheiten und Unabgeschlossenheiten auf ein Ganzes hin zu denken.

Damit ist freilich nicht jenes Unbehagen aus der Welt, dass in jungen Jahren selbst den Wagner-Enthusiasten Wilhelm Furtwängler bei der Vorstellung befiel, zwei Herren zu dienen: den großen Sinfonikern des 19. Jahrhunderts und dem Komponisten des *Rings*. Es ist ein sehr deutsches Unbehagen, weil es in einem idealistischen, vor allem an der Musik Beethovens orientierten Musikverständnis gründet. Danach ist es Bestimmung des komponierenden Subjekts, sich durch die Widersprüche des Daseins zu kämpfen und am Ende ein Stück Weltsinn aufscheinen zu lassen: mit Hilfe zielgerichteter motivisch-thematischer Prozesse, deren ‹Ergebnisse› den Eindruck aufkommen lassen, es sei etwas erreicht.

Man sollte Wagners Selbstmystifizierung, er sei der berufene Nachfolger Beethovens, auch insofern ernst nehmen, als er Beethoven beerben, aber nicht kopieren will. Wagner glaubt nicht an diese Art von Sinnstiftung, und mit den *weltschmerzlichen* und *katastrophösen* Gefühlsbädern einer Brahms-Sinfonie kann er erklärtermaßen nichts anfangen.[352] Indem er teleologische Erwartungen enttäuscht und an der Kontinuität, welche der Handlungsverlauf vorgibt, kompositorisch immer wieder «Subversion» übt[353], führt er die Musik in eine radikale Moderne, in der das Subjekt verschwindet: «Nicht von Menschen ist die Rede, die ihr Geschick meistern, statt dessen von Verhältnissen, denen jeder, auch jeder zum Opfer fällt», sagt ein origineller Wagner-Denker über den *Ring*.[354]

Dass dieser keine ideale Welt vorführen will, bedarf kaum der Erläuterung. In Wahrheit begegnet uns ein Ensemble interessant widersprüchlicher Gestalten mit ihren Glückserlebnissen, Sehnsüchten, Abhängigkeiten und Bosheiten. Schwarzweißmalerei gibt es höchstens vordergründig, denn auch für «Negativfiguren» wie Alberich und Kundry zeigt Wagner – vor allem musikalisch – Sympathien. Letztlich ist sein Blick auf das eigene Ensemble von fast schmerzender Schärfe. Doch was eben nah war, verflüchtigt sich rasch in nebulösem Pathos, welches eine Ahnung von letzten Dingen geben soll und doch nur Mystifikation ist. Dazwischen fehlt die klärende, richtungweisende Vernunft – kunstspezifisch gesehen: die argumentative Ausbreitung des Materials.

Doch wo soll man sie einklagen? *Ring* und *Parsifal* sind Teil einer Gesellschaft, die im Verlauf des 19. Jahrhunderts einen enormen Schub an Technisierung, Kapitalisierung und Entfremdung erlebt hat und weiterhin erleben wird: Alles erscheint machbar und nichts von höherer Vernunft gesteuert.

Wo Wagner waltet, werden Philosophen zu Regisseuren und Regisseure zu Philosophen. Man kann den «Ring» optimistisch mit den Augen Ludwig Feuerbachs (links, undatiertes Foto) oder pessimistisch mit denen Arthur Schopenhauers (rechts, Foto von 1859) sehen.

Die Folge ist ein Sinndefizit, das unter anderem durch eine nationale Kunstreligion ausgeglichen werden soll. Wagner ist zur Stelle und bietet seinen Mythos an – wohlgemerkt einen Mythos und keinen Logos. Immerhin ist er ehrlich genug, nicht die Machbarkeit der Welt vorzuspiegeln, sondern die Hoffnungslosigkeit ihres Zustands zu demonstrieren. Es ist nicht nur Wagners Schuld, dass manche seiner Verehrer daraus die Devise gemacht haben: Lasst uns leben, denn morgen sind wir tot!

Freilich bleibt die Enttäuschung über einen Tabubruch: Ungeachtet aller ‹schönen Stellen› macht Wagner die Musik gefügig für Grausamkeiten gegenüber ihrer eigenen Natur. Was selbst ein so moderner Komponist wie Gustav Mahler als die eigentliche Bestimmung der Musik ansah: Gut zu sein, zu ordnen, zu verbinden und zu versöhnen, hat für Wagners Musik keine Gültigkeit. Deshalb sind viele Bach-Verehrer im Gegensatz zu Albert Schweitzer Anti-Wagnerianer. Doch «wenn man die Natur verletzt und die Wunde betrachtet», so

Bei dem Unternehmen, philosophische Tiefenschichten des Werks freizulegen, sind Regisseure wie Patrice Chéreau (links, Foto von 1977) und Harry Kupfer (rechts, Foto von 1992) unersetzlich. Was Spielopern oft verdirbt, hat der «Ring» nötig: eingreifendes Inszenieren.

meinte der Physiker Erwin Schrödinger in seiner Nobelpreisrede von 1933, «entstehen Metaphern, die hinüberreichen in eine andere Welt».[355]

Am Ende noch einmal das Thema Antisemitismus: Gibt es ihn auch in den Werken, will Wagner Mime und Alberich, Beckmesser und Kundry als Juden identifiziert und diskriminiert wissen? Es ist gut denkbar, dass er bei der Konzeption dieser Figuren auch das vor Augen hatte, was er unter jüdischem Wesen verstand – möglicherweise bis in einzelne musikalische Idiome hinein. Doch ebenso wenig, wie er sich in den «Bayreuther Blättern» judenfeindliche Äußerungen wünschte, wollte er seine Bühnengestalten antisemitisch gedeutet wissen, denn das hätte seiner Botschaft die Allgemeinheit genommen.

«Mime» zum Beispiel ist für ihn ein Typus, möglicherweise Merkmal einer «Rasse», jedoch nicht Repräsentant einer solchen. Denn Mimes gibt es in vielen Gestalten – zum Beispiel in derjenigen des adeligen Kabinettssekretärs von Pfistermeister, der in Wagners Korrespondenz mit Ludwig II. den Spitznamen «Mime» trägt, weil er seinem jugendlichen König wie der tückische Zwerg das Leben schwer macht. Umgekehrt wendet Wagner die antisemitisch konnotierte Bezeichnung «Schächer» nicht nur auf Mime an, sondern – in einem bei der Komposition untergegangenen Vers aus dem *Rheingold* – auch auf die beiden Riesen Fafner und Fasolt. Mag Wagner im Leben reichlich personalisiert haben, in seinem Werk interessiert ihn vor allem die *Struktur* des Bösen: *Alberich und sein Ring konnten den Göttern nichts schaden, wenn diese nicht bereits für das Unheil empfänglich waren*, schreibt er an Röckel.[356]

Alle Beteiligten sind zugleich Agenten und Opfer des Systems. Bereits eine einzelne Szene – etwa diejenige zwischen Siegfried und Mime – verdeutlicht die Vielschichtigkeit in der Darstellung von offener und repressiver Gewalt, Freiheitsdrang und Geborgenheitswunsch, Liebe und Hass. Keineswegs ist der eine nur gut, der andere nur böse. Siegfrieds berechtigte Befreiungsschläge haben etwas Gewalttätiges, und Mimes Verschlagenheit kommt nicht von ungefähr. Denn Mime ist seinerseits ein von Alberich Unterdrückter und kennt bessere Tage: *Sorglose Schmiede, schufen wir sonst wohl Schmuck unsern Weibern, wonnig Geschmeid, niedlichen Nibelungentand, wir lachten lustig der Müh.* Dass er seinen Ziehsohn Siegfried zu Recht als Totschläger fürchtet, wird sich bald herausstellen!

Überhaupt Siegfried: Wer wollte seine hohe Ähnlichkeit, so Thomas Mann, «mit dem kleinen Pritschenschwinger des Jahrmarkts verkennen? Zugleich jedoch ist er Lichtsohn und nordischer Sonnenmythus, was ihn nicht hindert, drittens etwas sehr Modernes aus dem neunzehnten Jahrhundert, der freie Mensch, der Brecher alter Tafeln und Erneuerer einer verderbten Gesellschaft, Bakunin, wie Bernard Shaws vergnügter Rationalismus ihn einfach immer nennt, zu sein. Ja, er ist Hanswurst, Lichtgott und anarchistischer Sozialrevolutionär auf einmal, das Theater kann nicht mehr verlangen.»[357]

Selbst wo sie einen antisemitischen Kontext erahnen lassen, entziehen sich Wagners Gestalten der engen Rollenzuweisung. Das gilt insbesondere für Kundry, deren Charakter geradezu darauf angelegt scheint, ihren Widerpart Parsifal an die Wand zu spielen und die Rituale des *Bühnenweihfestspiels* erträglich zu machen! Für den heutigen Betrachter gibt es im *Parsifal* keine einzige absolute Positivfigur; und deshalb ist nichts gegen ein Regiekonzept einzuwenden, demzufolge das gesamte Personal pathologischer Leidenszustände überführt wird, die umso «krasser modern» sind, als sie sich «selber unverstanden bleiben».³⁵⁸

Doch das ist nur eine Teileinsicht; denn es gibt eine Rezeptionskonstante, die Mime – und nicht nur ihn – gleichsam auf offener Szene als Juden identifiziert. Lange vor Adorno haben dies Gustav Mahler und Paul Bekker mit leichtem Erschrecken, die Parteigänger des alten Bayreuth mit Genugtuung getan. Ist Wagners Kunst damit für alle Zeiten gebrandmarkt?

> Jedesmal, wenn Wagner vom Helden spricht, erlebt man sogleich, daß die Musik sehr konventionell wird oder uns heute jedenfalls sehr konventionell vorkommt. Deshalb stören mich solche Abschnitte recht stark. Das Gegenteil finde ich besonders in der «Götterdämmerung». Alles, was zum Beispiel mit dem Motiv des Tarnhelms zu tun hat, alle jene Teile der Partitur, wo Wagner die Motive übereinanderpflanzt, so daß die Musik zur absoluten Kontinuität wird, wo die Musik praktisch nur noch Thema ist: Alle diese Partien ziehen mich ganz unmittelbar und sehr stark an und erwirken eine Identifikation.
>
> Pierre Boulez: Wille und Zufall. Stuttgart und Zürich 1977, S. 144

Es wäre zu wünschen, dass hinter vordergründiger Polemik nicht die grundsätzliche Problematik aus dem Blick geriete: Wagners Antisemitismus ist ein Gewächs aus jenem Zaubergarten, den man Abendland, Zivilisation, Moderne oder wie immer nennt. Wie gesagt – ein Zaubergarten, keineswegs nur ein Zusammenhang hohen Sinns. Dort wachsen Orchideen neben Fleisch fressenden Pflanzen, Hegels neben Hitlers – eins ist ohne das andere nicht zu haben. Es ist Wagners erklärter Wille, keine Orchideen-Kunst zu bieten, sondern die ganze Vegetation vorzuführen; und dies gelingt ihm dann noch abgründiger, als er es vorhat: Er ist selbst Teil dieser Vegetation, die er nur zu beschreiben und zu vertonen wähnt.

Das gilt für Leben und Werk; und deshalb stellt die Behauptung, nur das eine, nicht aber das andere sei antisemitisch infiziert, eine unzulässige Verharmlosung dar, der jedoch oft genug eine ebenso unzulässige Dämonisierung gegenübersteht. Wer behauptet, dass Wagners Werk Nationalsozialismus, Hitler und den Holocaust vorbereitet habe, hätte dies auch den populären Romanen Gustav Freytags oder den millionenfach verbreiteten Bildergeschichten Wilhelm Buschs zu unterstellen. Und er müsste wahrnehmen, dass es fast nichts «Deutsches» gab, das für die Nationalsozialisten nicht verwertbar gewesen wäre.

Hitler hatte für seine Gewalttaten andere Stichwortgeber als den von ihm früh verehrten *Rienzi*-Komponisten, der niemals in den Kategorien physischer Vernichtung gedacht hat, der seinem Sohn Siegfried den Wehrdienst ersparen wollte und einen Satz hinterließ, den man als Einspruch gegen die im Nationalsozialismus installierte Tötungsmaschinerie verstehen könnte: *Vom Heldentum hat sich uns nichts als Blutvergießen und Schlächterei vererbt, – ohne allen Heroismus, – dagegen alles mit Disziplin.*[359] Nicht einmal der *Parsifal*, so deutlich sein Kontext chauvinistische Vorstellungen vom reinen Blut transportiert, geht in diesen auf.

Wer Wagners Werk allzu entschlossen mit seiner verzerrten Rezeption durch Nationalismus und Nationalsozialismus gleichsetzt, mystifiziert in zwei Richtungen: Er lenkt von stärkeren gesellschaftlichen Kräften ab, auf die sich der Nationalsozialismus stützen konnte, und verweigert sich zugleich der Einsicht, dass es Abendland, Zivilisation, Moderne nur als Ganzes gibt. Was ein distanzierter Betrachter «an Kulturgütern überblickt, das ist ihm samt und sonders von einer Abkunft, die er nicht ohne Grauen bedenken kann», resümierte schon Walter Benjamin.[360] Auch im Bereich der Musik lässt sich nicht zwischen dem *Lichtalben* Beethoven und dem *Schwarzalben* Wagner unterscheiden: Ohne den entsprechenden materiellen und ideologischen Gesamtzusammenhang hätten wir weder den einen noch den anderen.

Ein Buch von André Glucksmann trägt den ironischen Titel «Die Meisterdenker»: Gemeint sind diejenigen, welche das Abendland auf jenen Irrweg gebracht haben, von dem es jetzt so schwer wieder wegkommt. Für den postmodernen Philosophen ist Wagner der Meisterdenker unter den Künstlern. Doch indem Wagners Werk den eigenen Prämissen spotte, trotze es den vermeintlichen Sachzwängen der Systemdenker: «Es bricht aus ihm heraus. Ein Lachen. Uns ins Gesicht».[361]

Das ist das Unverfügbare an Wagners Kunst – auch ein Produkt des Abendlands. Und bei allem Respekt vor jenem Wagner, der Hegels Forderung eingelöst hat, man müsse über Musik künftig philosophisch reden: Was bedeutete das alles ohne den Zauber der Töne! Als man dem «Wozzeck»-Komponisten Alban Berg mit einer altklugen Kritik an Wagner kam, sagte der nur: «Ja, so können Sie reden, Sie sind ja nicht Musiker.»[362]

## Anmerkungen

In den Anmerkungen werden folgende Titel abgekürzt zitiert:
Briefe = Richard Wagner: Sämtliche Briefe, seit 1967 in wechselnden Verlagen erscheinend
CT = Cosima Wagner: Die Tagebücher. Hg. von Martin Gregor-Dellin und Dietrich Mack. 2 Bde., München und Zürich 1976, 1977
Gregor-Dellin = Martin Gregor-Dellin: Richard Wagner, München und Zürich 1980
Kapp = Julius Kapp (Hg.): Richard Wagners Gesammelte Schriften in 14 Bänden. Leipzig o. J.
Königs-Briefe = König Ludwig II. und Richard Wagner im Briefwechsel. Hg. von Otto Strobel. 5 Bde., 1936–1939
ML = Richard Wagner: Mein Leben. Hg. von Martin Gregor-Dellin. München 1976
Nietzsche = Friedrich Nietzsche: Werke. Hg. von Giorgio Colli und Mazzino Montinari, Berlin und New York 1967 ff.
Skelton = Geoffrey Skelton: Richard und Cosima Wagner. München 1995
SSD = Richard Wagner: Sämtliche Schriften und Dichtungen. Volksausgabe, 12 Bde., Leipzig o. J. (1911)
SW = Richard Wagner: Sämtliche Werke. In Zusammenarbeit mit der Bayerischen Akademie der Schönen Künste, Mainz 1970 ff.

1 Nietzsche IV, 3, 396
2 Nietzsche VI, 3, 24
3 Nietzsche IV, 1, 264
4 ML 9
5 ML 17 f.
6 CT 2, 685
7 CT 1, 627 und 2, 645
8 CT 1, 745
9 ML 19 f.
10 Nietzsche VI, 3, 45
11 ML 11
12 ML 34
13 Isolde Vetter: Leubald, ein Trauerspiel. In: Bayreuther Festspiele 1988, Programmheft Meistersinger, S. 1 ff.
14 CT 1, 193
15 ML 37
16 Klaus Kropfinger: Wagner und Beethoven. Regensburg 1975, S. 28
17 CT 2, 635
18 CT 2, 54
19 CT 2, 367
20 Briefe 1, 81
21 ML 51
22 Briefe 1, 81
23 ML 46
24 ML 47
25 ML 47
26 ML 48
27 ML 48
28 Egon Voss: «Wagner und kein Ende». Betrachtungen und Studien. Zürich und Mainz 1996, S. 20
29 ML 1, 91 f.
30 Briefe 1, 177 f.
31 ML 102
32 Briefe 1, 248
33 Briefe 1, 223
34 Briefe 1, 297
35 Eva Rieger: Minna und Richard Wagner. Stationen einer Liebe. Düsseldorf und Zürich 2003, S. 55
36 Ebenda, S. 56
37 ML 146 f.
38 Briefe 1, 330
39 SSD 4, 257
40 SSD 1, 12
41 Werner Breig: Wagners kompositorisches Werk. In: Ulrich Müller und Peter Wapnewski: Richard-Wagner-Handbuch. Stuttgart 1986, S. 373
42 Ebenda, S. 236
43 ML 167
44 Carl Fr. Glasenapp: Das Leben Richard Wagners. Bd. 1, 4. Aufl., Leipzig 1905, S. 322
45 John N. Burk (Hg.): Richard Wagner Briefe. Die Sammlung Burrel. Frankfurt a. M. 1950, S. 120
46 Siegfried Fornaçon: Richard Wagners Seereise von Pillau nach Lon-

don. In: Schiff und Zeit 1/1978, S. 1–10
47 ML 174f.
48 ML 175
49 John Deathridge, in: Carl Dahlhaus und ders.: Wagner. Stuttgart 1994, S. 25
50 Briefe 3, 460
51 Heinrich Laube: Gesammelte Schriften, hier zit. nach John Deathridge: Wagner's Rienzi. A reappraisal based on a study of the sketches and drafts. Oxford 1977, S. 27
52 Matthias Brzoska: Die Idee des Gesamtkunstwerks in der Musiknovellistik der Julimonarchie. Laaber 1995
53 Briefe 1, 325
54 Egon Voss: Richard Wagner und die Instrumentalmusik. Wilhelmshaven 1977, S. 72f.
55 ML 167
56 ML 207f.
57 Kapp 6, 20
58 Louis Spohr: Selbstbiographie. Bd. 2, Kassel und Göttingen 1861, S. 271
59 Briefe 2, 315
60 Briefe 2, 314
61 Briefe 2, 314f.
62 ML 187
63 Briefe 1, 380
64 ML 211
65 ML 182
66 ML 205
67 Burk, wie Anm. 45, S. 166
68 Briefe 2, 160
69 Rieger, wie Anm. 35, S. 98f.
70 Briefe 2, 142
71 Briefe 2, 162
72 Briefe 2, 167
73 ML 255
74 Briefe 2, 353
75 Briefe 2, 232
76 CT 2, 289
77 CT 2, 367
78 Briefe 4, 377
79 Briefe 2, 446
80 SSD 4, 278f.
81 Briefe 4, 377
82 Charles Baudelaire: Sämtliche Werke in 8 Bänden. Bd. 7, Darmstadt 1992, S. 109
83 Briefe 2, 358
84 Briefwechsel zwischen Wagner und Liszt. Hg. von Erich Kloss, 3. Aufl., Teil 1, Leipzig 1912, S. 197
85 Theodor W. Adorno: Philosophie der neuen Musik. Frankfurt a. M. 1958, S. 177
86 Reinhard Baumgart: Kampf mit dem eigenen Schatten. Zu Wagner nach Bayreuth. In: Klaus Umbach (Hg): Richard Wagner. Ein deutsches Ärgernis. Reinbek 1982, S. 58
87 Briefe 2, 511
88 CT 1, 637
89 Briefe 4, 279
90 CT 1, 410
91 Alfred Meißner: Geschichte meines Lebens. Wien 1884, Bd. 1, S. 169
92 ML 405
93 Wolfgang Robert Griepenkerl: Das Musikfest oder die Beethovener. 2. Aufl. Braunschweig 1841, Vorwort
94 SSD 4, 328
95 SW 29,1, 30
96 Helmut Kirchmeyer: Das zeitgenössische Wagner-Bild. Bd. 3, Regensburg 1968, Sp. 535
97 Kapp 12, 29
98 CT 2, 134
99 CT 2, 716
100 SSD 12, 226
101 Friedrich Dieckmann: Richard Wagner in Venedig. Darmstadt 1983, S. 23
102 Thomas Nipperdey: Der Mythos im Zeitalter der Revolution. In: Dieter Borchmeyer (Hg.): Wege des Mythos in der Moderne. Richard Wagner. «Der Ring des Nibelungen». München 1987, S. 96
103 Briefe 3, 62
104 Briefe 3, 147
105 Briefe 3, 460
106 Dieckmann, wie Anm. 101, S. 199
107 CT 2, 367
108 Neue Zeitschrift für Musik, Bd. 33, 1850, S. 102, 105f.

109 Ebenda, S. 30
110 Ebenda, S. 111f.
111 Manuela Jahrmärker: Wagners Aufsatz «Das Judenthum in der Musik». In: Gunhild Oberzaucher-Schüller u. a. (Hg.): Meyerbeer Wagner. Eine Begegnung. Wien usw. 1988, S. 128
112 Helmut Kirchmeyer: Das zeitgenössische Wagner-Bild. Bd. 6,1, Regensburg 1985, Sp. 307
113 Briefe 3, 197
114 Odo Marquard: Kunst als Antifiktion – Versuch über den Weg der Wirklichkeit ins Fiktive. In: Funktionen des Fiktiven. Hg. von Dieter Henrich und Wolfgang Iser, München 1983, S. 39
115 Hans Magnus Enzensberger: Der Untergang der Titanic. Frankfurt a. M. 1978, S. 97
116 Burk, wie Anm. 45, S. 349
117 Rieger, wie Anm. 35, S. 17
118 ML 440
119 ML 450
120 Briefe 3, 282f.
121 Briefe 3, 332
122 Briefe 7, 44
123 Briefe 7, 44
124 Briefe 6, 97
125 Briefe 6, 223
126 Briefe 6, 219 und 56
127 Briefe 5, 495
128 Briefe 7, 284
129 ML 473
130 Briefe 4, 418
131 Briefe 5, 495
132 Briefe 6, 144
133 SSD 4, 53
134 Richard Wagner: Die Kunst und die Revolution. Leipzig 1849, S. 5
135 Ebenda, S. 1
136 Ebenda, S. 44
137 Ebenda, S. 60
138 Kapp 10, 201f.
139 Ebenda, S. 205
140 SSD 3, 49 und 159
141 Briefe 3, 426
142 Briefe 7, 335
143 SSD 4, 64
144 SSD 4, 88
145 SSD 155
146 SSD 10, 185
147 SSD 4, 328
148 Briefe 4, 99
149 Briefe 4, 99 und 162
150 ML 512
151 CT 1, 202
152 CT I, 129
153 Claus Artur Scheier: Ästhetik der Simulation. Formen des Produktionsdenkens im 19. Jahrhundert. Hamburg 2000, S. 146
154 Briefe 5, 494 und 497
155 Briefe 5, 463
156 Briefe 5, 494–496
157 Briefe 6, 43
158 Briefe 6, 151
159 Egon Voss (Hg): Richard Wagner. Die Walküre. Stuttgart 1997, S. 122
160 Briefe 6, 249
161 Briefe 6, 298
162 Briefe 8, 153
163 Briefe 7, 130
164 Briefe 6, 299
165 ML 545
166 Königs-Briefe II, 227
167 Briefe 7, 47
168 Briefe 6, 326 und 7, 114
169 Briefe 7, 121
170 Briefe 8, 48
171 Briefe 6, 78
172 Briefe 10, 207
173 Briefe 10, 400
174 Richard Wagner: Tagebuchblätter und Briefe an Mathilde Wesendonck. Hg. von R. Sternfeld. Berlin o. J., S. 116
175 Ebenda, S. 120f.
176 Arthur Schopenhauer: Die Welt als Wille und Vorstellung, § 38
177 Briefe 11, 329
178 CT 2, 188 und 1, 206
179 Kapp 9, S. 63
180 Rieger, wie Anm. 35, S. 197
181 Ebenda, S. 262
182 Briefe 8, 308
183 Briefe 9, 242
184 Baudelaire, wie Anm. 82, S. 98
185 Briefe 13, 446
186 CT 2, 1098
187 Briefe 14, 109

188 Briefe 14, 89
189 Skelton 21
190 ML 709
191 CT 2, 216
192 ML 746
193 Briefe 14, 61
194 Voss, wie Anm. 28, S. 118
195 Nietzsche VI, 2, 187
196 Unveröffentlicher Nachlass in der Zentralbibliothek Zürich
197 Königs-Briefe I, XXXII
198 Martha Schad (Hg): Cosima Wagner und Ludwig II. von Bayern. Briefe. Bergisch-Gladbach 1996, S. 308
199 SSD 2, 281
200 Dieter Borchmeyer: Richard Wagner. Ahasvers Wandlungen. Frankfurt a. M. und Leipzig 2002, S. 425
201 Wendelin Weißheimer: Meine Erlebnisse mit Richard Wagner. 2. Aufl. Stuttgart und Leipzig 1898, S. 266
202 Königs-Briefe II, 265
203 Königs-Briefe I, XXXV
204 Ebenda
205 Skelton 53
206 CT 1, 21
207 CT 1, 311; ähnlich CT 1, 357
208 Skelton 128
209 Königs-Briefe IV, 146
210 Königs-Briefe V, 231 f.
211 Königs-Briefe V, 159
212 Königs-Briefe IV, 117
213 Königs-Briefe I, 56 f.
214 Richard Wagner: Das Braune Buch. Tagebuchaufzeichnungen 1865 bis 1821. München und Zürich 1988, S. 30
215 Ebenda, S. 83
216 Ebenda, S. 31
217 Königs-Briefe I, 30 und 35
218 Königs-Briefe III, 254–256
219 Königs-Briefe I, 30
220 Königs-Briefe II, 110
221 Königs-Briefe IV, 69
222 Königs-Briefe I, 228
223 Robert Münster und Hans Schmid: Musik in Bayern. Bd. 1, Tutzing 1972, S. 304
224 CT 1, 31
225 Münster, wie Anm. 223, S. 305
226 Münster, wie Anm. 223, S. 304
227 Glasenapp, wie Anm. 44, Bd. 3, 1, 3. Aufl. Leipzig 1904, S. 70
228 SSD 8, 185 f.
229 Königs-Briefe I, 105
230 SSD 16, 40
231 Königs-Briefe I, 49
232 SW 30, 18
233 SW 30, 77
234 CT 1, 26
235 Königs-Briefe IV, 149 f.
236 Königs-Briefe IV, 165
237 Königs-Briefe V, 32 und IV, 157
238 Königs-Briefe II, 130
239 CT 1, 833 f.
240 CT 2, 155
241 Borchmeyer, wie Anm. 200, S. 7
242 Friedrich Nietzsche: Briefwechsel. Kritische Gesamtausgabe I, 2, Berlin und New York 1975, S. 340
243 Ebenda, S. 322
244 Nietzsche VI, 3, 287
245 Dieter Borchmeyer: Das Tribschener Idyll. Frankfurt a. M. 1998, S. 73
246 Wagner, wie Anm. 214, S. 230
247 CT 1, 816
248 CT 1, 129
249 CT 1, 281
250 So Gregor-Dellin 606
251 SSD 9, 61
252 Briefe, 8, 356
253 Königs-Briefe V, 101
254 CT 1, 167
255 Königs-Briefe IV, 201
256 Königs-Briefe III, 6
257 CT 1, 410 und 422
258 CT 1, 422 f.
259 Königs-Briefe III, 86
260 Königs-Briefe III, 35
261 Königs-Briefe I, 49
262 CT 1, 522
263 CT 1, 523
264 z. B. CT 1, 524
265 Gregor-Dellin 677
266 Ludwig Strecker: Richard Wagner als Verlagsgefährte. Mainz 1951, S. 280
267 Ebenda

268 CT 1, 655
269 Parsifal-Skizzen. Hg. von Eva Humperdinck, Koblenz 2000, S. 62
270 CT 1, 841
271 CT 1, 894
272 Königs-Briefe III, 46 f.
273 CT 1, 620
274 ML 641
275 Nietzsche IV, 3, 399
276 Gregor-Dellin 658
277 CT 1, 157
278 CT 2, 672
279 CT 1, 642
280 Herweghs Werke. Dritter Teil. Hg. von Hermann Tardel, Berlin usw. 1909, S. 142
281 SSD 9, 342–344
282 CT 1, 624
283 Richard Wagner: Bayreuther Briefe. Berlin und Leipzig 1907, S. 79
284 Gregor-Dellin 719
285 Richard Fricke: Bayreuth vor dreißig Jahren. Dresden 1906, S. 103 – Strecker, wie Anm. 266, S. 285
286 CT 1, 996
287 CT 1, 997
288 Nietzsche VI, 3, 417
289 Camille Saint-Saëns: Bayreuth und der Ring des Nibelungen. In: Die Musik I, 10, 1902, S. 883
290 Richard Strauss: Betrachtungen und Erinnerungen. Zürich und Freiburg i. Br. 1949, S. 82
291 Richard Wagner: Briefe an Hans Richter. Berlin usw. 1924, S. 107
292 CT 1, 998
293 Thomas Mann: Wagner und seine Zeit. Frankfurt a. M. 1963, S. 60
294 CT 1, 1002
295 Bayreuther Blätter, Mai 1860, S. 144
296 Nietzsche IV, 1, 323
297 Marx / Engels: Werke Bd. 34, Berlin 1966, S. 23
298 Skelton 375
299 CT 2, 45
300 CT 2, 800
301 CT 1, 1035 und 1042
302 CT 1, 1035
303 CT 1, 1052
304 SW 30, 11
305 Peter Hofmann: Richard Wagners politische Theologie. Paderborn usw. 2003, S. 234
306 CT 2, 603
307 CT 2, 475
308 SW 30, 20
309 Udo Bermbach: Der Wahn des Gesamtkunstwerks. Richard Wagners politisch-ästhetische Utopie. Frankfurt a. M. 1994, S. 703; Hans Mayer: Ein Denkmal für Johannes Brahms. Versuche über Musik und Literatur, Frankfurt a. M., 2. Aufl. 1993, S. 104
310 CT 2, 406
311 CT 2, 602
312 CT 2, 333
313 CT 2, 181
314 CT 2, 664
315 SW 30, 52
316 Königs-Briefe III, 226
317 Königs-Briefe IV, 222
318 CT 2, 1010
319 CT 2, 995
320 CT 2, 996
321 Susanna Großmann-Vendrey: Bayreuth in der deutschen Presse. Bd. 2, Regensburg 1977, S. 48
322 Ebenda, S. 58
323 CT 2, 1073
324 CT 2, 1012
325 CT 1, 756
326 CT 2, 1108 und 1104
327 CT 2, 1059
328 CT 2, 1076
329 CT 2, 1112 f.
330 Skelton 510
331 Königs-Briefe 1, XXIX
332 Peter Windgassen und Werner Diez: Der Ring des Nibelungen. Einführung. München 1982, S. 23
333 SSD 4, 78
334 Sven Friedrich: Das auratische Kunstwerk. Zur Ästhetik von Richard Wagners Musiktheater-Utopie. Tübingen 1996, S. 172
335 SSD 4, 201
336 CT 1, 444
337 Briefe 2, 538
338 Hanjo Kesting: Das schlechte

Gewissen an der Musik. Aufsätze zu Richard Wagner. Stuttgart 1991, S. 106

339 Ebenda, S. 109
340 Briefe 11, 329 und Briefe 12, 363
341 SSD 11, 334
342 Claus-Steffen Mahnkopf: Richard Wagner. Konstrukteur der Moderne. Stuttgart 1999, S. 93
343 SSD 4, 173
344 Nietzsche VI, 2, 187
345 Briefe 7, 204
346 Richard Wagner: Die Walküre, Textbuch mit Varianten der Partitur. Hg. von Egon Voss, Stuttgart 1997, S. 104
347 Thomas Mann: Gesammelte Werke in 12 Bänden. Bd. 10, Frankfurt a. M. 1960, S. 896
348 Breig, wie Anm. 41, S. 463
349 Mahnkopf, wie Anm. 342, S. 123
350 Nietzsche, wie Anm. 242, III, 5, 13
351 SSD 10, 184 f.
352 SSD 16, 182
353 Richard Klein: Gebrochene Temporalität. In: ders. (Hg.): Narben des Gesamtkunstwerks. Wagners Ring des Nibelungen. München 2001, S. 193
354 Gerd Rienäcker: Richard Wagner. Nachdenken über sein Gewebe. Berlin 2001, S. 180
355 Zitiert nach: Heinz von Foerster und Ernst von Glaserfeld: Wie wir uns erfinden. Eine Autobiographie des radikalen Konstruktivismus. Heidelberg 1999, S. 84
356 Briefe 6, 67
357 Thomas Mann, wie Anm. 347, Bd. 9, S. 407
358 Nike Wagner: Wagner Theater. Frankfurt a. M. und Leipzig 1998, S. 233
359 Kapp 14, 210
360 Walter Benjamin: Gesammelte Schriften I, 2, Frankfurt a. M. 1974, S. 696
361 Vgl. S. 177 dieses Buches
362 Eine von Joachim Kaiser referierte Erinnerung Hans Mayers, in: Musik-Konzepte Heft 5: Richard Wagner. München 1978, S. 49

# Zeittafel

1813 22. Mai: Richard Wagner wird in Leipzig als Sohn des Polizeiaktuars Carl Friedrich Wilhelm Wagner und seiner Frau Johanna Rosine, geb. Pätz, geboren. 23. November: Tod des Vaters

1814 28. August: Wagners Mutter heiratet Ludwig Geyer. Anschließend zieht die Familie nach Dresden.

1820 Im Frühherbst wird Wagner nach Possendorf zu Pastor Wetzel in Pension gegeben.

1821 30. September: Tod Ludwig Geyers

1822 2. Dezember: Wagner wird in die Matrikel der Dresdner Kreuzschule eingetragen.

1827 8. April: Wagner wird konfirmiert.

1828 21. Januar: Wagner bezieht das Nikolai-Gymnasium in Leipzig. Im selben Jahr beginnt er mit Kompositionsstudien.

1830 16. Juni: Wagner tritt in die Thomasschule über. 24. Dezember: Im Leipziger Theater wird seine (heute verschollene) B-Dur-Ouvertüre aufgeführt.

1831 23. Februar: Wagner wird als Student der Musik an der Universität Leipzig immatrikuliert. Im Herbst wird er Kompositionsschüler des Thomaskantors Christian Theodor Weinlig.

1832 Aufführung einiger Orchesterwerke in Leipzig

1833 Im Januar siedelt Wagner als Chordirektor nach Würzburg über.

1834 Im Sommer wird Wagner Kapellmeister der Bethmann'schen Theatertruppe. Er lernt Minna Planer kennen.

1836 29. März: Uraufführung von *Liebesverbot*. 7. Juni: Wagner folgt Minna Planer nach Königsberg. 24. November: Wagner wird in Königsberg mit Minna Planer getraut.

1837 1. April: Wagner wird Musikdirektor am Königsberger Theater. 21. August: Wagner trifft in Riga ein und wird dort Kapellmeister am Theater. 19. Oktober: Seine Frau Minna kehrt nach fünf Monaten der Entzweiung zu ihm zurück.

1839 Im März verliert Wagner seine Stellung am Rigaer Theater. 9. Juli: Wagner bricht mit Minna zu einer Reise auf, die ihn über London nach Paris führt. 17. September: Richard und Minna Wagner treffen in Paris ein.

1842 April: Wagner lässt sich in Dresden nieder. 20 Oktober: Uraufführung des *Rienzi*

1843 2. Januar: Uraufführung des *Fliegenden Holländer*. 2. Februar: Wagner wird zum Dresdner Hofkapellmeister ernannt. 6. Juli: Uraufführung von *Liebesmahl der Apostel*

1845 19. Oktober: Uraufführung des *Tannhäuser*

1848 9. Januar: Tod der Mutter Wagners

1849 Anfang Mai: Wagner nimmt am Dresdner Aufstand teil. 16. Mai: Nach gescheitertem Aufstand wird gegen Wagner ein Steckbrief erlassen. 24. Mai: Wagner tritt die Flucht in die Schweiz an. September: Minna folgt ihm nach, beide lassen sich in Zürich nieder.

1850 Im Frühjahr weilt Wagner in Frankreich und hat eine Romanze mit Jessie Laussot. 3. Juli: Wagner kehrt zu Minna zurück. 28. August: Uraufführung des *Lohengrin* in Weimar

1852 15. Dezember: Vollendung der *Ring*-Dichtung

1853 1. November: Beginn der Komposition des *Rheingold*

1855 Von März bis Ende Juli weilt

Wagner als Gastdirigent in London.

**1857** 28. April: Die Wagners beziehen in Zürich ein Sommerhaus in unmittelbarer Nachbarschaft des Ehepaars Wesendonck. 1. Oktober: Beginn der Komposition von *Tristan und Isolde*

**1858** Anfang Januar: Wegen «nachbarlicher Verwirrung» weicht Wagner für einige Wochen nach Paris aus. 17. August: Wegen zerrütteter Eheverhältnisse verlässt Wagner Zürich und reist nach Venedig. Im September kehrt Minna nach Deutschland zurück.

**1859** Im März kehrt Wagner in die Schweiz zurück. 6. August: Wagner vollendet die Partitur von *Tristan und Isolde*. September: Wagner lässt sich zur Vorbereitung von Konzerten und zwecks Aufführung des *Tannhäuser* in Paris nieder, wo er im September die Wohngemeinschaft mit Minna wieder aufnimmt.

**1861** Im Juli gibt Wagner nach seiner Teilamnestierung Paris als festen Wohnsitz auf.

**1862** Im Februar bezieht Wagner eine Wohnung in Biebrich.

**1863** Wagner weilt zu Konzerten u. a. in Wien, Petersburg, Moskau, Budapest, Prag und Karlsruhe. 12. Mai: Wagner bezieht in Wien eine Wohnung und richtet sie kostspielig ein. 28. November: Laut *Mein Leben* besiegeln Wagner und Cosima von Bülow das Bekenntnis, sich *einzig gegenseitig anzugehören*.

**1864** In März droht Wagner in Wien die Schuldhaft. Er flüchtet über die Schweiz nach Stuttgart. 4. Mai: Wagner und Ludwig II. stehen sich zum ersten Mal in der Münchner Residenz gegenüber. 15. Oktober: Wagner bezieht ein Haus in der Münchner Briennerstraße.

**1865** 10. April: Isolde, Cosimas und Wagners erstes Kind, wird geboren. 10. Juni: Uraufführung von *Tristan und Isolde* im Münchner Nationaltheater.
10. Dezember: Als Persona non grata muss Wagner München verlassen.

**1866** 25. Januar: Minna Wagner stirbt. 15. April: Wagner bezieht die Villa Tribschen bei Luzern.

**1867** 17. Februar: Eva, Cosimas und Wagners zweites Kind, wird geboren.

**1868** 21. Juni: Uraufführung der *Meistersinger*

**1869** 6. Juni: Siegfried, Cosimas und Wagners drittes Kind, wird geboren.

**1870** Im Juli wird die gerichtliche Scheidung zwischen Hans und Cosima von Bülow ausgesprochen. 25. August: Richard und Cosima Wagner werden getraut.

**1872** 1. Februar: Wagner gründet den Verwaltungsrat der Bayreuther Festspiele.

**1873** 2. August: Hebefeier des Festspielhauses

**1874** 28. April: Einzug der Familie Wagner in Haus Wahnfried

**1876** 13. – 17. August: Uraufführung des *Rings des Nibelungen*

**1882** 26. Juli: Uraufführung des *Parsifal*

**1883** 13. Februar: Wagner erliegt in Venedig einem Herzleiden.
18. Februar: Beisetzung Wagners im Garten von Haus Wahnfried

# Zeugnisse

### Friedrich Nietzsche
Man soll den Wagnerianern hundertmal ins Gesicht sagen, was das Theater ist: immer nur ein Unterhalb der Kunst, immer nur ein Zweites, etwas Vergröbertes, etwas für die Massen Zurechtgebogenes, Zurechtgelogenes! Daran hat auch Wagner nichts verändert: Bayreuth ist große Oper ... Das Theater ist eine Form der Demolatrie in Sachen des Geschmacks, das Theater ist ein Massen-Aufstand, ein Plebiszit gegen den guten Geschmack.
*Der Fall Wagner (1888)*

### Thomas Mann
Ipsens und Wagners dramatische Lebenswerke sind die beiden großen Kundgebungen, die der nordisch-germanische Kunstgeist im 19. Jahrhundert den ebenbürtigen Schöpfungen anderer Rassen: Dem französischen, russischen und englischen Roman, der impressionistischen Malerei Frankreichs an die Seite stellt.
Sie werden in ihrer Größe und in ihrem Raffinement, ihrer titanischen Morbidität unendlich kennzeichnend bleiben für die Epoche, die sie zeitigte.
*Ipsen und Wagner (1928). In: Gesammelte Werke in 12 Bänden, Bd. 10, Frankfurt a. M. 1960, S. 227f.*

### Ernst Bloch
Man muß Wagner hören lernen, wie man Karl May verschlang, mit ihm auf den Jahrmarkt gehen. Dann hören die Phrasen auf, weil sie noch greller werden, auch das Züchtige verlieren, das sich feierlich nennt. In Leningrad wurde «Lohengrin» hinter Schleiern und als Kinderstück gespielt; wie es heißt, mit der reinsten und richtigsten Wirkung. Das wäre dann gleichsam die Rettung Wagners durch Christoph von Schmidt, durch den Verfasser der «Ostereier» und «Heinrich von Eichenfels»; eine Biegung weiter in den Rätseln der Kinderzeit: Und der Ring erscheint als Präriemusik, als Surrealistik des vollen Traumscheins, als befreite Kolportage im Zuhörerraum und der Regie.
*Rettung Wagners durch surrealistische Kolportage (1929), in: Erbschaft dieser Zeit, Frankfurt a. M. 1973, S. 380*

### Alfred Rosenberg
Wagner kämpfte gegen eine ganze verpöbelte Welt und siegte; das Kulturwerk Bayreuths steht für ewig außer Frage. Aber nichtsdestoweniger beginnt heute eine Abkehr von der Grundlehre Wagners, als müßten Tanz, Musik und Dichtkunst auf immer und in der von ihm gelösten Weise gebunden werden; als sei Bayreuth tatsächlich die nicht mehr wandelbare «Vollendung des arischen Mysteriums».
Wagner hat streng die Bedingungen geschieden, unter denen das Wort das unbedingte Übergewicht innehat, von jenen, wo die Musik die Führung ergreifen muß, um die äußere Handlung durch die innere abzulösen. – Und doch zeigen uns zwei Tatsachen, daß die Form des Wagnerschen Musikdramas auch ihm nicht immer restlos gelungen ist (so wie in «Tristan und Isolde», in den «Meistersingern»), daß auch er ein Drama schuf, welches so hoch hinausgriff, daß ein Theater hier ebenso versagen mußte wie beim Faust II. Teil («Ring des Nibelungen»).
*Der führende Kulturideologe der Nationalsozialisten in seinem millionenfach verbreiteten Buch: Der Mythus des 20. Jahrhunderts. Eine Wertung der seelisch-geistigen Gestaltkämpfe unserer Zeit. München 1930, hier nach der Auflage von 1942, S. 427f.*

### Karl Wolfskehl

[In meiner Jugend] war sein Werk wie seine Lehre Mittelpunkt aller Diskussionen, immer noch war ein Wagnerabend eine Erschütterung, die über das bloß Musikalische hinaus den ganzen Menschen ergriff, in besonderer Weise erregte und, dabei in sich verschwimmend, eine meerfarbene, dunkle Gewißheit ausströmte. [...] An Wagner zerbrach, wer in sich zermürbt war, nur die Schwachen mochte er verwirren, die Dumpfen ganz benebeln. Für uns, die wir, in den Ruf der Stunde gestellt, auf ein Ziel gerichtet, wieder und wieder aus diesem Becher tranken, war er ein Mehrer der Kraft, des Willens zu uns selbst.

*Der Dichter Karl Wolfskehl, Mitglied des Kreises um Stefan George, 1933 ins Exil getrieben, zum 50. Todestag Wagners in den «Hamburger Nachrichten», 12. 2. 1933; hier nach: Briefe und Aufsätze. Hg. von Margot Ruben. Hamburg 1966, S. 214–217*

### Carl von Ossietzky

Wohl haben andere mit höherer Intensität künstliche Paradiese geschaffen, wohl haben die Blumen des Bösen leidenschaftlichere Gärtner gefunden – sie sind an den selbstgezogenen Früchten gestorben. Richard Wagner, der alle berauschte, hatte selbst nicht viel Teil am Rausch, er blieb ein kühler, bewußter Herr seiner Mittel. Eine Welt geriet in Wahn durch seine Töne, er selbst blieb ein ruhiger Rechner und sein bester und überlegenster Propagandist. Sein Erfolg war so breit wie kein andrer, denn Richard Wagners Werk hat die glücklichste, weil am meisten erfolgversprechende Mischung: hinter rauschenden Akkorden, hinter einer üppig quellenden Melodik die grauenhafteste Trivialität.

*Der an den Folgen seiner KZ-Haft gestorbene Herausgeber der «Weltbühne», gleichfalls aus Anlass des 50. Todestags Wagners am 21. 2. 1933, hier nach: Rechenschaft. Publizistik aus den Jahren 1913–1933, Berlin und Weimar 1970, S. 350 f.*

### Richard Strauss

Sub specie aeternitatis gesehen, hat es das deutsche Volk nur gegeben, damit es Bach, Mozart und Wagner hervorbringe. Diese einzigartige Leistung hat das deutsche Volk unsterblich gemacht. Und wiederum, wie immer, ist nüchtern festzustellen: Nach dieser Leistung hatte das deutsche Volk seine wesentliche Zweckaufgabe erfüllt. Es konnte und durfte und mußte abtreten. Seit Bismarck hat es seine eigene Selbstzerstörung begonnen und hat mit der Hitlerei Selbstmord begangen.

*Der einundachtzigjährige Komponist gegenüber Hans Zurlinden, nach: Ein Sonntag bei Richard Strauss. In: Zeitgemäße europäische Betrachtungen. Erlenbach und Zürich 1954, S. 18*

### Glenn Gould

Ich liebe den Tristan. Ich war fünfzehn Jahre alt, als ich ihn zum ersten Mal hörte, und ich habe geweint. Heutzutage, das versteht sich, sind die Tränenkanäle aus der Übung – die psychologisch sich einmischenden und medizinisch ungesunden Verbote, die den bewährten Emotionsmustern des abendländischen Mannes Respekt verschaffen, haben dafür gesorgt. Und doch, es genügt ein harter Tag und eine späte Nacht, und eine Sequenz oder zwei aus dem «Liebestod», und es läuft mir ein Schauer über den Rücken, und es schnürt mir die Kehle in einer Weise, wie keine andere Musik – diesseits der Anthems von Orlando Gibbons – mit gleicher Sicherheit es hervorzurufen vermag.

*Von Bach bis Boulez. Schriften zur Musik 1. Aus dem Englischen von Hans-Joachim Metzger, Frankfurt a. M. o. J., S. 120.*

**André Glucksmann**
Wagner hätte der Gefangene seines Programms bleiben können. Seine Vorhaben zu einem «integralen» Kunstwerk sind davon stark geprägt. Und doch befreit er uns durch sich auflösende Meisterwerke. Wotan wird sich immer wieder in der Ausweglosigkeit seiner Macht verfangen. Brünnhilde irrt zwischen ihrem Vater und ihrem Halbbruder hin und her, Siegfried verwechselt seine Frauen. Man wird niemals erfahren, ob Tristan und Isolde sterben oder miteinander schlafen. Rache der Musik, die sich nicht integrieren läßt, Rache des Dramas, in dem derjenige, der die Fäden ziehen will, in seinem Garn zu Fall kommt. […]
Ein Mensch setzt auf einer Bühne die große Maschinerie der modernen Welt zusammen: er setzt die Reden in Bewegung, vertieft den Wirrwarr, bewegt die Phantasmen. Und es klappt. Er hat, das ist das Wunder von Bayreuth, die Philosophie verwirklicht, die von Hegel und von Marx, die des Kremls, des Pentagon und der Verbotenen Stadt. Es bricht aus ihm heraus. Ein Lachen. Uns ins Gesicht.
*Die Meisterdenker. Aus dem Französischen von Jürgen Hoch, Reinbek bei Hamburg 1978, S. 276 f. Der französische Philosoph André Glucksmann hat diesen Text zunächst im «Nouvel Observateur» veröffentlicht, um Patrice Chéreaus Bayreuther «Ring»-Inszenierung von 1976 zu würdigen.*

**Claus-Steffen Mahnkopf**
Das Hin- und Hergeschiebe seines Werks von der linken zur rechten politischen Ecke und zurück, das Aussprechen der ewigen Verdammnis über die stillschweigende Duldung bis zur Glorifizierung als Inbegriff von Größe, die philosophischen Zurichtungen ebenso wie diejenigen deutscher Kulturbarbaren – das alles sollte zurückweichen vor der Kunstübung selber, in guten Aufführungen und kühnen Inszenierungen. Dem Robert Wilson der 80er Jahre den gesamten Ring anzuvertrauen oder Gardiner nach Bayreuth zu verpflichten, hülfe einer lebendigen Gegenwart von Wagners Werk mehr als das tausendste Buch über Geldnot, Judenhass und Mythologie. Die musikalische Erkenntnis hinkt der großen Diskursen hinterher. Es ist ein Armutszeugnis der Rezeption, dass sachlich zur kompositorischen Substanz des musikalischen Werks kaum vorgestoßen wurde.
*Der Gegenwartskomponist Claus-Steffen Mahnkopf in: Die Musikforschung Jg. 55, 2002, S. 370 f.*

# Verzeichnis der musikalischen Werke

Die angegebenen Jahreszahlen geben die Entstehungszeit an.

## 1. Opern und musikalische Dramen

Die Feen WWV 32: 1833/34
Das Liebesverbot oder Die Novize von Palermo WWV 38: 1834–36
Rienzi, der Letzte der Tribunen WWV 49: 1837–40
Der fliegende Holländer WWV 63: 1840/41
Tannhäuser und der Sängerkrieg auf Wartburg WWV 70: 1842–45, Paris 1860/61
Lohengrin WWV 75: 1845–48
Der Ring des Nibelungen WWV 86 A–D: 1851–74
Das Rheingold: 1851–54
Die Walküre: 1851–56
Siegfried: 1851–71
Götterdämmerung: 1848–1874
Tristan und Isolde WWV 90: 1857–59
Die Meistersinger von Nürnberg WWV 96: 1861–67
Parsifal WWV 111: 1877–82

## 2. Unvollendete Opern, nicht vertonte Textbücher und Bühnenstücke

Leubald WWV 1: 1826–28
Die Hochzeit WWV 31: 1832/33
Die hohe Braut WWV 40: 1836
Männerlist größer als Frauenlist oder Die glückliche Bärenfamilie WWV 48: 1838
Die Sarazenin WWV 66: 1841–43
Die Bergwerke zu Falun WWV 67: 1842
Friedrich I. WWV 76: 1846–49
Jesus von Nazareth WWV 80: 1849
Achilleus WWV 81: 1849/50
Wieland der Schmied WWV 82: 1849/50
Die Sieger WWV 89: 1856
Luthers Hochzeit WWV 99: 1868
Ein Lustspiel in 1 Akt WWV 100: 1868
Eine Kapitulation WWV 102: 1870

## 3. Schauspielmusiken

Ouvertüre und Theatermusik zu Ernst Raupachs «König Enzio» WWV 24: 1831/32
Entreacte tragique Nr. 1 und 2 WWV 25: 1832
Musik zu Wilhelm Schmales allegorischem Festspiel «Beim Antritt des neuen Jahres 1835» WWV 36: 1834
Ouvertüre und Theatermusik zu Theodor Apels «Columbus» WWV 37: 1834/35
Theatermusik zu J. Singers «Die letzte Heidenverschwörung in Preußen oder der deutsche Ritterorden in Königsberg» WWV 41: 1837

## 4. Weitere Orchesterwerke

Orchesterwerk in e-Moll WWV 13: ca. 1830
Ouvertüre in d-Moll (Konzert-Ouvertüre Nr. 1) WWV 20: 1831
Konzert-Ouvertüre Nr. 2 in C-Dur WWV 27: 1832
Sinfonie in C-Dur WWV 29: 1832
Sinfonie in E-Dur WWV 35: 1834
Ouvertüre «Polonia» WWV 39: 1836
Ouvertüre «Rule Britannia» WWV 42: 1837
Eine Faust-Ouvertüre WWV 59: 1839/40, 1855
Trauermusik nach Motiven aus Webers «Euryanthe» WWV 73: 1844
Huldigungsmarsch WWV 97: 1864
Romeo und Julie WWV 98: 1868

Siegfried-Idyll WWV 103: 1870
Pläne zu Ouvertüren und Sinfonien WWV 107: 1874–1883
Großer Festmarsch WWV 110: 1876

## 5. Klaviermusik

Sonate in B-Dur op. 1 WWV 21: 1831
Fantasie in fis-Moll WWV 22: 1831
Polonaisen in D-Dur WWV 23: 1831/32
Große Sonate in A-Dur WWV 26: 1832
Klavierstück in E-Dur WWV 64: 1840
Polka in G-Dur WWV 84: 1853
Sonate in As-Dur WWV 85: 1853
Züricher Vielliebchen-Walzer Es-Dur WWV 88: 1854
In das Album der Fürstin Metternich WWV 94: 1861
Ankunft bei den schwarzen Schwänen As-Dur WWV 95: 1861
Albumblatt Es-Dur (für Betty Schott) WWV 108: 1875

## 6. Chormusik

Volkshymne Nicolay WWV 44: 1837
Festgesang «Der Tag erscheint» WWV 68: 1843
Das Liebesmahl der Apostel WWV 69: 1843
Gruß seiner Treuen «Im treuen Sachsenland» WWV 71: 1844
An Webers Grabe «Hebt an den Sang» WWV 72: 1844
Wahlspruch für die deutsche Feuerwehr WWV 101: 1869
Kinder-Katechismus WWV 106: 1873
Ihr Kinder, geschwinde WWV 113: 1880

## 7. Klavierlieder

Sieben Kompositionen zu Goethes Faust WWV 15: 1831
Der Tannenbaum WWV 50: 1838
Dors mon enfant WWV 53: 1839
Extase WWV 54: 1839
Attente WWV 55: 1839
La tombe dit à la rose WWV 56: 1839
Mignonne WWV 57: 1839
Tout n'est qu'images fugitives WWV 58: 1839
Les deux grenadiers WWV 60: 1839/40
Adieux de Marie Stuart WWV 61: 1840
Fünf Gedichte für eine Frauenstimme mit Pianofortebegleitung (Wesendonck-Lieder) WWV 91: 1857/58. Der Engel – Träume – Schmerzen – Stehe still! Im Treibhaus
Es ist bestimmt in Gottes Rat WWV 92: 1858
Außerdem: Verschollene Frühwerke, Arrangements, Bearbeitungen und Einlagestücke

# Bibliographie

## 1. Werkverzeichnis, Gesamtausgaben, Briefe, Tagebücher, frühe Kritiken, Reihen

Deathridge, John, Martin Geck und Egon Voss: Wagner Werk-Verzeichnis (WWV). Verzeichnis der musikalischen Werke Richard Wagners und ihrer Quellen. Mainz usw. 1986

Wagner, Richard: Sämtliche Werke. In Zusammenarbeit mit der Bayerischen Akademie der Schönen Künste hg. von Carl Dahlhaus und Egon Voss. Mainz 1970 ff. (Die meisten der 31 geplanten Bände sind erschienen.)

–: Sämtliche Schriften und Dichtungen. Volksausgabe, 16 Bde., Leipzig o. J. (1911–1914)

–: Gesammelte Schriften. Hg. von Julius Kapp. 14 Bde., Leipzig o J.

–: Dichtungen und Schriften. Hg. von Dieter Borchmeyer. 10 Bd., Frankfurt a. M. 1983

–: Sämtliche Briefe. Bd. 1, Leipzig 1967, ab Bd. 10 Wiesbaden (bisher sind 15 Bände erschienen)

–: Mein Leben. Hg. von Martin Gregor-Dellin. München 1976

Wagner, Cosima: Die Tagebücher. Ediert und kommentiert von Martin Gregor-Dellin und Dietrich Mack. 2 Bde., München und Zürich 1976/77

Kirchmeyer, Helmut: Das zeitgenössische Wagner-Bild. 6 Bde., Regensburg 1968–1985

100 Jahre Bayreuther Festspiele. 13 Bände, einige mit Teilbänden, Regensburg und München 1973 ff. (Behandelt werden u. a. die Themen: Kunstbegriff, Festspiel-Idee, Festspielgeschichte, Festspielhäuser, Konzeption des musikalischen Dramas, Dirigenten, Inszenierungsstil, Bühnenbild, Bühnenkostüm, Bühnentechnik, Presse.)

## 2. Handbücher, Bilddokumentationen

Müller, Ulrich, und Peter Wapnewski: Richard-Wagner-Handbuch. Stuttgart 1986

Wagner. Sein Leben, sein Werk und seine Welt in Bildern. Hg. von Herbert Barth, Dietrich Mack und Egon Voss. Wien 1975

Geck, Martin: Die Bildnisse Richard Wagners. München 1970

Weber, Solveig: Das Bild Richard Wagners. 2 Bde., Mainz usw. 1993

## 3. Traditionelle und neue Gesamtdarstellungen zu Leben und Werk

Glasenapp, Carl Friedrich: Das Leben Richard Wagners. 6 Bde., in den jeweils neuesten Auflagen Leipzig 1910–1923

Chamberlain, Houston Stewart: Richard Wagner. München 1901

Bekker, Paul: Wagner. Berlin 1924

Newman, Ernest: The Life of Richard Wagner. 4 Bde., New York 1933–1946

Westernhagen, Curt von: Richard Wagner. Zürich 1956

Gutman, Robert W.: Richard Wagner. New York und London 1968, deutsch: München 1970

Gregor-Dellin, Martin: Richard Wagner. München und Zürich 1980. (Dies ist, trotz einiger Einschränkungen, die beste und ausführlichste unter den neueren Darstellungen)

Skelton, Geoffrey: Richard und Cosima Wagner. München 1995

Bauer, Hans-Joachim: Richard Wagner. Berlin 1995

Köhler, Joachim: Der Letzte der Titanen. Richard Wagners Leben und Werk. München 2001

Borchmeyer, Dieter: Richard Wagner. Ahasvers Wandlungen. Frankfurt a. M. und Leipzig 2002

## 4. Schriften zu den Musikdramen, vor allem zum «Ring des Nibelungen»

Die Auswahl versteht sich als ein Stück Rezeptionsgeschichte und versucht, möglichst viele Strömungen zu berücksichtigen und zur Gegenwart hin dichter zu werden.

Adorno, Theodor W.: Versuch über Wagner. Frankfurt a. M. 1952
Mayer, Hans: Richard Wagners geistige Entwicklung. 1954
Dahlhaus, Carl: Richard Wagners Musikdramen. Velber 1971
Westernhagen, Curt von: Die Entstehung des «Ring». Dargestellt an den Kompositionsskizzen Richard Wagners. Zürich und Freiburg i. Br. 1973
Breig, Werner: Studien zur Entstehungsgeschichte von Wagners «Ring des Nibelungen». Freiburg 1973
Donington, Robert: Wagner's «Ring» and its Symbols. London 1963, deutsch 2. Aufl. Stuttgart 1978
Barth, Herbert (Hg.): Bayreuther Dramaturgie. Der Ring des Nibelungen. Stuttgart und Zürich 1980
Borchmeyer, Dieter: Das Theater Richard Wagners. Idee – Dichtung – Wirkung. Stuttgart 1982
Schickling, Dieter: Abschied von Walhall. Richard Wagners erotische Gesellschaft. Stuttgart 1983
Borchmeyer, Dieter (Hg.): Wege des Mythos in der Moderne. Richard Wagner. «Der Ring des Nibelungen». München 1987
Bolen, Jean Shinoda: Ring der Macht. Entschlüsselung eines Mythos. Aus dem Amerikanischen von Eva Watson und Udo Breger. Basel 1993
Bermbach, Udo: Der Wahn des Gesamtkunstwerks. Richard Wagners politisch-ästhetische Idee. Frankfurt a. M. 1994
Wapnewski, Peter: Weisst du wie das wird …? Richard Wagner. Der Ring des Nibelungen. Erzählt, erläutert und kommentiert. München und Zürich 1995
Friedrich, Sven: Das auratische Kunstwerk. Zur Ästhetik von Richard Wagners Musiktheater-Utopie. Tübingen 1996
Mahnkopf, Claus-Steffen (Hg.): Richard Wagner als Konstrukteur der Moderne. Stuttgart 1999
Geck, Martin: Wagner – vom «Ring» her gesehen. In: Ders.: Von Beethoven bis Mahler. Leben und Werk der großen Komponisten des 19. Jahrhunderts. Reinbek 2000
Klein, Richard (Hg.): Narben des Gesamtkunstwerks. Wagners Ring des Nibelungen. München 2001
Rienäcker, Gerd: Richard Wagner. Nachdenken über sein Gewebe. Berlin 2001
Bermbach, Udo: «Blühendes Leid». Politik und Gesellschaft in Richard Wagners Musikdramen. Stuttgart und Weimar 2003
Drüner, Ulrich: Schöpfer und Zerstörer. Richard Wagner als Künstler. Köln usw. 2003
Kiem, Eckehard, und Ludwig Holtmeier (Hg.): Richard Wagner und seine Zeit. Laaber 2003
Hofmann, Peter: Richard Wagners Politische Theologie. Paderborn usw. 2003

## 5. Neuausgaben der theoretischen Schriften

Da sich für die dringend vermisste Kritische Gesamtausgabe bisher leider kein Geldgeber gefunden hat, zitiert man im Regelfall zweckmäßig nach den «Sämtlichen Schriften und Dichtungen» (siehe unter 1). An neueren Ausgaben sind verfügbar:
Wagner, Richard: Oper und Drama. Hg. von Klaus Kropfinger. Stuttgart 1984
–: Das Judentum in der Musik. Hg. von Jens Malte Fischer. Frankfurt a. M. 2000

# Namenregister

*Die kursiv gesetzten Zahlen bezeichnen die Abbildungen.*

Adam, Adolphe Charles 23
Adorno, Theodor W. 44, 79, 145, 150, 158, 163
Agoult, Marie Gräfin d' (2. Schwiegermutter) 81 f.
Aischylos 118
Anders, Gottfried Engelbert 36
Apel, Johann August 20
Arnim, Bettine von 52
Augusta von Sachsen Weimar, deutsche Kaiserin und Königin von Preußen 120
Avenarius, Caecilie (Halbschwester) 26, 36 f.
Avenarius, Eduard (Schwager) 26, 33, 36

Bach, Johann Sebastian 7 f., 27, 40, 111, 116, 140, 150, 154, 160
Bakunin, Michail Alexandrowitsch 49, 162
Bassenheim, Gräfin 113
Batz, Karl W. 140
Baudelaire, Charles 42 f., 80, 86
Baumgart, Reinhard 44
Baumgartner, Wilhelm 60
Becker, Karl Friedrich 17
Beethoven, Ludwig van 14 f., 18 f., 27 f., 30, 38, 40, 46, 48, 50, 54, 61, 74, 77, 104, 107 f., 110, 113, 116, 140, 150, 155, 157, 159, 164, *61*
Beidler, Franz (Schwiegersohn) 106
Bekker, Paul 163
Bellini, Vincenzo 15, 19, 23, 30, 61, 150
Benjamin, Walter 28, 164
Benvenuti, Augusto 142
Berg, Alban 152, 165
Berlioz, Hector 30, 32
Betz, Franz 113
Bismarck, Otto Fürst von 120, 122
Böcklin, Arnold 123
Börne, Ludwig 30
Boulez, Pierre 125, 163

Brahms, Johannes 15, 28, 104, 106, 116, 150, 159
Brandt, Karl 122 f.
Breitkopf & Härtel (Verlag) 14, 37, 72, 78
Brix (Untermieter in Paris) 34
Brockhaus, Friedrich (Schwager) 17
Brockhaus, Luise (Schwester) 8
Bruckner, Anton 28, 116, 128
Büchner, Georg 8
Buddha 69, 84
Bülow, Blandine von 88, 99, 106, 113, 120, 140 f.
Bülow, Cosima von s. u. Wagner, Cosima
Bülow, Daniela von 82, 88, 99, 106, 113, 140 ff.
Bülow, Isolde von (Tochter) s. u. Wagner, Isolde
Bülow, Hans Guido Freiherr von 62, 68, 72, 75, 82, 88 ff., 96, 99, 101, 105 f., 143, *96/97*, *102*
Bulwer-Lytton, Edward George 25 f.
Busch, Wilhelm 164
Byron, George Gordon Noel Lord 100

Calderón de la Barca, Pedro 115
Cervantes Saavedra, Miguel de 115, 146
Chamberlain, Houston Stewart (Schwiegersohn) 106
Chéreau, Patrice 145, 161, *161*
Chopin, Frédéric 116
Chorley, Henry 52
Cornelius, Peter 81 f., 84, 88, 95

Damrosch, Leopold *96/97*
Dante Alighieri 146, 157
Debussy, Claude 146, 152, 157, *146*
Devadatta 84
Devrient, Eduard 49, 75
Dietrich (Kaufmann, ein Verehrer Minnas) 22
Dietsch, Pierre-Louis Philippe 32
Doepler, Carl Emil 123 f.
Donizetti, Gaetano 34
Dostojewskij, Fjodor Michajlowitsch 57
Draeseke, Felix *96/97*
Dürer, Albrecht 104

Echter, Michael 117
Eger, M. 37
Eliot, George 115
Enzensberger, Hans Magnus 54

Feuerbach, Ludwig 47f., 63, 160, *160*
Feustel, Friedrich 122
Flaubert, Gustave 115
Fontane, Theodor 120
Freigedank, K. (Pseudonym Wagners) 54
Freud, Sigmund 146
Freytag, Gustav 164
Friedrich August II., König von Sachsen (seit 1836) 50
Friedrich Wilhelm IV., König in Preußen 108
Furtwängler, Wilhelm 158

Gaillard, Karl 44
Gaspérini, Auguste de *96/97*
Gauguin, Paul 137
Gautier, Judith, verh. Mendès 56, 106, 129f., *129*
Gautier, Théophile 106
Geyer, Caecilie (Halbschwester) s. u. Avenarius, Caecilie
Geyer, Johanna Rosine, geb. Pätz, verw. Wagner (Mutter) 8–11, 15, *11*
Geyer, Ludwig (Stiefvater) 9f., 13, *10*
Gfrörer, August Friedrich 132
Gille, Carl *96/97*
Gluck, Christoph Willibald Ritter von 38, 79
Glucksmann, André 164f.
Gobineau, Arthur Graf von 135, 140
Goethe, Johann Wolfgang von 8, 13, 27, 42, 71, 115, 128, 146
Gogol, Nikolaj Wassiljewitsch 115
Görres, Joseph 41
Gottfried von Straßburg 75
Gounod, Charles 136
Gozzi, Carlo 19
Gravina, Biagio Graf von (Schwiegersohn) 106
Gregor-Dellin, Martin 107
Grétry, André Ernest Modeste 79
Grieg, Edvard 128
Griepenkerl, Wolfgang Robert 48
Grimm, Jacob 41
Gross, Adolph von 122, 140

Gutman, Ernest 55
Gutzkow, Karl 52

Halévy, Jacques Fromental Élie 34
Hamp, Petrus 132
Hanslick, Eduard 64, 149
Hatzfeld, Fürstin 140
Hausburg, Ernst 140
Hawthorne, Nathaniel 115
Hebbel, Christian Friedrich 115
Heckel, Emil 122
Hegel, Georg Wilhelm Friedrich 28, 46, 145, 158, 163, 165
Heine, Heinrich 30f.
Helmholtz, Hermann 120
Herwegh, Emma 55, 60
Herwegh, Georg 47, 60, 69, 120
Hitler, Adolf 90f., 163f.
Hoffmann, E.T.A. 8, 32, 115
Hoffmann, Josef 123
Hohenlohe-Schillingsfürst, Chlodwig Fürst zu 101
Holtei, Karl von 23
Homer 115
Hugo, Victor 32, 115
Humperdinck, Engelbert 125f., 140

Janin, Jules 52
Jensen, Adolf *96/97*
Jesus von Nazareth 49, 63
Joachim, Joseph 52
Johann I., König von Sachsen (seit 1854) 47, 80
Joukowsky, Paul 134, 140f.
Joukowsky (Vater von Paul J.) 140, 142
Jung, Carl Gustav 146

Kaefferlein, F. 122
Kalergis, Marie von 118
Kant, Immanuel 28, 69
Keller, Gottfried 75, 115, 148
Kietz, Ernst Benedikt 29, 35f.
Kietz, Gustav Adolf 115f.
Klepperbein, Wilhelmine 37
Kleist, Heinrich von 115
Kosciuszko, Tadeusz 19
Krockow, Graf von 114
Kuhn, Albert 37
Kupfer, Harry 161, *161*

183

Lablache, Luigi 30
Lamennais (La Mennais), Félicité Robert de 30
Lang, Julius 113
Laube, Heinrich 18 f., 28, 33
Laussot, Eugène 56 f.
Laussot, Jessie 22, 56 f., 68, 77, *56*
Lehmann, Lilli 136
Lehrs, Samuel 36
Lenbach, Franz von 127
Lenk, W. 37
Leplay (Untermieterin in Paris) 34
Levi, Hermann 133 ff., 140, *102*
Lévi-Strauss, Claude 145 f.
Lewald, August 34
Lewy, A.W. 37
Liszt, Franz (2. Schwiegervater) 18 f., 28, 42, 44, 51, 60 ff., 67, 69, 71, 73, 81 f., 114, 126, 129 f., 139 f., 152, *61*
Lucca (Verlag) 140
Ludwig II., bayer. König 4, 27, 41, 48, 62, 80, 85–96, 98–102, 105, 107, 109 f., 112 f., 116 f., 123, 126, 129, 134 f., 143, 162, *87*, *92*
Luther, Martin 7 f., 107, 118
Lutz, Johann 100

Mahler, Gustav 138, 160, 163
Maier, Mathilde 82, 86, 88, 96
Mann, Thomas 59, 128, 148, 150, 156, 162
Marat, Jean Paul 4
Marbach, Oswald (Schwager) 107
Marbach, Rosalie (Schwester) 8, 19
Marschner, Heinrich 80
Marx, Karl 30, 47, 129
Maximilian II. Joseph, bayer. König 85
Meißner, Alfred 47
Mendelssohn Bartholdy, Felix 15, 38, 40, 72, 107 f., *108*
Mendès, Catulle 106, 129
Mendès, Judith s. u. Gautier, Judith
Menzel, Adolph von 120, 127
Meser, C. F. (Verlag) 37
Metternich, Pauline Fürstin von 118
Meyendorff, Olga Fürstin von 114
Meyer, Friederike 82
Meyerbeer, Giacomo 23 f., 26 f., 30 ff., 34, 38, 52 f., 107 f., *108*
Meysenbug, Malwida 123

Mohl, Luise 8
Moltke, Helmuth Graf von 120
Mommsen, Theodor 120
Moszornyi, Michael *96/97*
Mottl, Felix 76, 124 ff.
Mozart, Wolfgang Amadeus 8, 20, 27, 38, 54, 61, 79, 116
Mrazeck, Franz 92 f., 95
Müller, Christian Gottlieb 15
Müller, Franz *96/97*
Muncker, Theodor 122

Napoleon, Kaiser der Franzosen 7, 18, 118
Napoleon III., Kaiser der Franzosen 79
Neumann, Angelo 135
Niemann, Albert 113
Nietzsche, Elisabeth 120
Nietzsche, Friedrich 7, 13, 62, 84, 103–106, 118, 120, 124, 128, 140, 145, 150, 153, 157, *105*
Nipperdey, Thomas 51

Oehme, Karl Wilhelm 50
Offenbach, Jacques 78 f.

Paganini, Niccolò 15, 79, *79*
Palestrina, Giovanni Pierluigi da 40
Pasdeloup, Jules-Étienne 80
Pausanias 17
Pecht, Friedrich 4, 36, 91 f.
Peters, C. F. (Verlag) 107
Pfistermeister, Franz Seraph von 86, 88, 162
Pfordten, Ludwig Freiherr von der 94 f.
Planer, Gotthelf (1. Schwiegervater) 20, 22
Planer, Johanna Christiana (1. Schwiegermutter) 20, 22
Planer, Minna s. u. Wagner, Minna
Planer, Natalie (eigtl. Ernestina Natalia; Stieftochter) 20, 25, 34, 36, 55, 74
Pohl, Richard *96/97*
Porges, Heinrich 95, *96/97*
Proudhon, Pierre Joseph 30, 52
Proust, Marcel 78

Reichmann, Theodor 135 f.
Reißiger, Carl Gottlieb 38
Renoir, Auguste 135, 137
Richter, Hans 102, 125, 127, 133
Ritter, Alexander *96/97*
Ritter, Julie 45, 56, 59
Röckel, Karl August 47, 49, 94, 162, *96/97*
Rohde, Erwin 103
Ronge, Johannes 47
Rossini, Gioacchino Antonio 8
Rosti, H. von *96/97*
Rubinstein, Joseph 62, 115 f., 140
Ruge, Arnold 30, 47

Saint-Saëns, Camille 125, 128
Saint-Simon, Claude-Henri de Rouvroy, Comte de 28, 30, 49, 63
Schelle, Eduard 118
Schiller, Friedrich von 8, 115
Schlegel, Wilhelm August 115
Schleinitz, Alexander von 120
Schleinitz, Marie von 120, 140
Schlesinger (Verleger) 34
Schmidt, Gustav 58
Schmitt 20
Schnappauf, Bernhard 129
Schnorr von Carolsfeld, Ludwig 96 ff., 122
Schnorr von Carolsfeld, Malvina 96
Schöffelin, Juliane 8
Schönberg, Arnold 150, 152
Schopenhauer, Arthur 33, 69, 73, 100, 103 f., 107, 115, 160, *160*
Schott, Franz (Verleger) 82, 95, 136, 140
Schröder-Devrient, Wilhelmine 14, 38, 122, *43*
Schrödinger, Erwin 160
Schubert, Franz 18
Schumann, Robert 18, 37, 116
Schweitzer, Albert 160
Scott, Sir Walter 115
Scribe, Eugène 23, 30
Seidl, Anton 125 f.
Semper, Gottfried 60, 89
Shakespeare, William 8, 13 f., 19, 115, 123, 128, 146
Shaw, George Bernard 150, 162
Sillig (Magister) 17

Sophie Charlotte, Herzogin in Bayern 86
Sophokles 8, 17
Spohr, Louis 32, 38
Spontini, Gaspare 24, 39
Spyri, Johann Bernhard 60
Spyri, Johanna 60
Standhartner, Joseph 144
Stein, Heinrich von 140
Steiner, George 98
Sterne, Laurence 115
Strauss, Franz Joseph 96
Strauss, Richard 96, 125, 155
Strawinsky, Igor 154
Strecker, Ludwig (Verleger) 115, 124
Sulzer, Jakob 59 f.

Taylor, Ann 56, 59
Thode, Henry (Schwiegersohn) 106
Thurn und Taxis, Maximilian Karl Fürst von 91
Thurn und Taxis, Paul Fürst von 93, 101
Tichatschek, Joseph 38, 41, 48, 122, *39, 43*
Tieck, Ludwig 115
Tietze 37
Tizian 135
Träger, Adolf 8
Tschaikowsky, Pjotr Iljitsch 128
Turgenjew, Iwan Sergejewitsch 115

Uhl, Friedrich *96/97*
Uhlig, Theodor 53, 62, 66, 71

Verdi, Giuseppe 8, 77
Verlaine, Paul 136
Victoria, Königin von Großbritannien und Irland 72
Villiers de l'Isle-Adam, Jean-Marie Mathias Philippe-Auguste Comte du 106
Volz, Karl 140

Wagner, Adolf (Onkel) 8
Wagner, Albert (Bruder) 8, 19
Wagner, Carl Friedrich Wilhelm (Vater) 8
Wagner, Cosima (2. Ehefrau) 11, 24, 27 f., 45, 49, 56 f., 62, 69, 75, 77, 81 f., 85, 88–91, 93 ff., 99–102, 104–107,

**185**

109f., 114–117, 120ff., 124, 126–130, 133, 136f., 139–143, 150, *121*
Wagner, Eva (Tochter) 28, 89, 100, 104, 106, 113, 115, 120, 140f.
Wagner, Friedelind (Enkelin) 106
Wagner, Isolde (Tochter) 28, 89, 91, 104, 106, 115, 120, 140f.
Wagner, Johanna Rosine (Mutter) s. u. Geyer, Johanna Rosine
Wagner, Julius (Bruder) 8
Wagner, Klara (Schwester) 8
Wagner, Luise (Schwester) s. u. Brockhaus, Luise
Wagner, Minna (1. Ehefrau) 11, 20–23, 25f., 33f., 36f., 51f., 55–58, 61, 68, 74f., 77f., 80ff., 99, 102, *21*
Wagner, Ottilie (Schwester) 8
Wagner, Rosalie (Schwester) s. u. Marbach, Rosalie
Wagner, Siegfried (Sohn) 28, 89, 100, 104, 106, 110, 113, 115, 120, 139ff., 143, 164
Wagner, Verena (Enkelin) 106
Wagner, Wieland (Enkel) 106
Wagner, Winifred (Schwiegertochter) 106
Wagner, Wolfgang (Enkel) 106
Weber, Carl Maria von 8, 12, 15, 19, 31f., 38, 40, 61, 79, 116, 150, *12*

Weber, Johann Jacob 107
Weigl, Joseph 23
Weinlig, Christian Theodor 15
Weitling, Wilhelm 48
Wesendonck, Hugo 60
Wesendonck, Mathilde 4, 56, 58, 60, 67f., 71, 74–78, 84, 89, 93, 115, *76*
Wesendonck, Otto 58ff., 71, 74, 77f. 82, 84
Widmann, Christian Adolph 51
Wiegand, Franz 49
Wiesand, Wilhelm 8
Wilhelm I., deutscher Kaiser und König von Preußen 120, 126, 129
Wilhelmj, August 125
Wille, Eliza 60
Wille, François 60
Williams, Winifred s. u. Wagner, Winifred 106
Wolfram von Eschenbach 41
Wolzogen, Hans von 62, 114
Wulff, R. 25f.
Wüllner, Franz 109

Zumbusch, Kaspar 116
Zumpe, Hermann 125f.

## ÜBER DEN AUTOR

Martin Geck, geboren 1936, Studium der Musikwissenschaft, Theologie und Philosophie in Münster, Berlin und Kiel, 1962 Dr. phil., 1966 Gründungsredakteur der Richard-Wagner-Gesamtausgabe, Mitherausgeber des Richard-Wagner-Werkverzeichnisses und des «Parsifal», 1970 Lektor in einem Schulbuchverlag, nachfolgend Autor zahlreicher Musiklehrwerke, 1974 Privatdozent, 1976 ordentlicher Professor für Musikwissenschaft an der Universität Dortmund, seit 2001 als Emeritus.

Zahlreiche Bücher, Aufsätze, Lexikonartikel und Editionen zur Geschichte der deutschen Musik im 17., 18. und 19. Jahrhundert, speziell zum Werk von Schütz, Buxtehude, Bruhns, Bach, Beethoven, Mendelssohn Bartholdy und Wagner. 1993 erschien das Standardwerk «Von Beethoven bis Mahler. Die Musik des deutschen Idealismus» (als Taschenbuch: rororo 60891). Im Bach-Jahr 2000 veröffentlichte er bei Rowohlt die viel beachtete große Biographie «Bach. Leben und Werk», für die er 2001 den Gleim-Literaturpreis erhielt (als Taschenbuch rororo Sachbuch 61171). 2001 erschien bei Metzler «Zwischen Romantik und Restauration. Musik im Realismus-Diskurs 1848–1871». Für rowohlts monographien schrieb er bereits die Bände über Bach (rm 50637), die Bach-Söhne (rm 60654) und Beethoven (rm 50645)

## QUELLENNACHWEIS DER ABBILDUNGEN

The Metropolitan Museum of Art, Gift of Frederick Loeser, 1889 (89.8). Photograph ©1981 The Metropolitan Museum of Art: Umschlagvorderseite + 92

Vorlagen aus dem Nationalarchiv der Richard-Wagner-Stiftung Bayreuth: 3, 9, 10, 11, 16/17, 21, 29, 35, 55, 56, 68, 70, 87, 96/97, 102 (2), 111, 114, 117, 121, 127, 129, 134, 138, 141, 142, 146 oben, 150 (im Besitz von Martin Geck, Witten), 156 (im Besitz von Annemarie Grill, Kirchheim), Umschlagrückseite unten

Fotos: akg-images, Berlin: 6, 61 rechts (Budapest, Magyar Szepmüveszeti Muzeum), 71 oben (Dresden, Gemäldegalerie, Neue Meister), 160 rechts

Bildarchiv Preußischer Kulturbesitz, Berlin: 12 (Nationalgalerie Berlin)

Deutsches Theatermuseum München: 39

Stadtgeschichtliches Museum Leipzig: 43

Sächsische Landesbibliothek – Staats- und Universitätsbibliothek Dresden, Abt. Deutsche Fotothek: 50 (Foto: Walter Möbius)

Historisches Museum der Stadt Wien: 61 links

Aus: Richard Wagner. Tagebuchblätter und Briefe an Mathilde Wesendonck 1853-1871. Eingeleitet und erläutert von Prof. Dr. R. Sternfeld. Berlin o. J.: 75

Rheinisches Landesmuseum Bonn: 76 (Leihgabe des StadtMuseums Bonn)

Aus: Ernst Kreowski und Eduard Fuchs: Richard Wagner in der Karikatur. Berlin 1907: 71 unten

Bayerische Staatsbibliothek München: 83

© Collection Roger-Viollet, Paris: 105

Stiftung Preußische Schlösser und Gärten Berlin-Brandenburg: 108 links

Staatsbibliothek zu Berlin – Preußischer Kulturbesitz, Musikabteilung mit Mendelssohn-Archiv: 108 rechts

© Photo Réunion des musées nationaux, Paris – Hervé Lewandowski: 137

Aus: Peter Schleuning (Hg.): Warum wir von Beethoven erschüttert werden und andere Aufsätze über Musik. Frankfurt a. M. 1978: 146 unten

Aus: Hans-Martin Sass: Ludwig Feuerbach. Reinbek bei Hamburg ⁴1994: 160 links

© Bildarchiv Bayreuther Festspiele/Wilhelm Rauh: 161 (2)

Privatbesitz Geck: Umschlagrückseite oben

## rowohlts monographien

## Musik und Kunst

**Die Bach-Söhne**
Martin Geck
3-499-50654-8

**Georg Friedrich Händel**
Michael Heinemann
3-499-50648-3

**Wolfgang Amadeus Mozart**
Fritz Hennenberg
3-499-50523-1

**Ludwig van Beethoven**
Martin Geck
3-499-50645-9

**Richard Wagner**
Martin Geck
3-499-50661-0

**Michelangelo**
Daniel Kupper
3-499-50657-2

**Vincent van Gogh**
Stefan Koldehoff
3-499-50620-3

**Paul Klee**
Carola Giedeon-Welcker
3-499-50052-3

**Pablo Picasso**
Wilfried Wiegand
3-499-50205-4

**Frieda Kahlo**
Linde Salber
3-499-50534-7

**Salvador Dalí**
Linde Salber

3-499-50579-7

*Weitere Informationen in der Rowohlt Revue oder unter www.rororo.de*